“长城少年探险传奇”系列之山西长城

杀虎口长城
见证“走西口”

李澍晔
赵昊林◎著
刘燕华

中国经济出版社
CHINA ECONOMIC PUBLISHING HOUSE
·北京·

图书在版编目（CIP）数据

杀虎口长城见证“走西口” / 李澍晔，赵昊林，刘燕华著. -- 北京：中国经济出版社，2022.9

ISBN 978 - 7 - 5136 - 7066 - 1

Ⅰ. ①杀… Ⅱ. ①李… ②赵… ③刘… Ⅲ. ①儿童故事 - 作品集 - 中国 - 当代 Ⅳ. ① I287.5

中国版本图书馆 CIP 数据核字（2022）第 155573 号

责任编辑 陈 瑞
责任印制 马小宾
封面设计 任燕飞
插图作者 景之韵

出版发行 中国经济出版社
印 刷 者 北京力信诚印刷有限公司
经 销 者 各地新华书店
开 本 880mm × 1230mm 1/32
印 张 6
字 数 104 千字
版 次 2022 年 9 月第 1 版
印 次 2022 年 9 月第 1 次
定 价 49.00 元
广告经营许可证 京西工商广字第 8179 号

中国经济出版社 **网址** www. economyph. com **社址** 北京市东城区安定门外大街 58 号 **邮编** 100011
本版图书如存在印装质量问题，请与本社销售中心联系调换（联系电话：010-57512564）

前　言

杀虎口长城位于山西省朔州市右玉县，北倚古长城，西临苍头河，地理位置十分重要，至今已有两千多年的历史。杀虎口关建于明朝，是通往内蒙古、新疆的交通要道，是晋商的主要发源地。“走西口”中的西口，就是闻名遐迩的杀虎口。古时这里被称为参合口，明朝为了抵御瓦剌南侵，多次在此出兵征战；为了震慑瓦剌，明朝皇帝亲自改名为“杀胡口”，此名一直延续到清朝康熙年间。康熙皇帝西征胜利而归，住在“杀胡口”，为了缓和民族矛盾、促进民族贸易顺利发展，更名为“杀虎口”。

慧慧和能能考察杀虎口长城时，在关城附近偶遇神奇“盲人”，了解到杀虎口长城的历史，意外救助受伤的小刺猬，打开关城城墙下面的“石窟”，在一个石罐里解救出了神龟，发现了石鼎上雕刻的文字与人物。慧慧和能能通过时空隧道，目睹了通顺桥上离别的一家人，见证了父母的爱；见证了明军士兵击退群狼；见证了“丝绸之路”的驼队；见证了通商的繁荣景象；目睹了旷日持久的守卫城池的战斗情景；靠智慧、真诚与善良，找到了女娲娘娘的七彩补天石，推开了闯入地球的虎形“脏冰”。

李澍晔　赵昊林　刘燕华

2022 年 2 月 19 日完成于北京双秀公园

长城小知识

1、请说出一种烽火的材料？

答：红柳。

2、请说出一种烽火的材料？

答：胡杨木。

3、请说出一种烽火的材料？

答：芨芨草。

4、请说出一种烽火的材料？

答：罗布麻。

主要人物介绍

慧慧

女，18 岁，北京市某学校高中三年级学生，共青团员。

能能

男，12 岁，法国巴黎某小学学生，浓重的眉毛，明亮有神的双眼，身体健壮，给人以力量感、柔韧感和睿智感。

神龟

88888岁，造山运动中，从海底而来。储存着生命基因密码和宇宙演变密码，通天地，知万物，具有未卜先知的神奇能力。进化出一对翅膀，紧急的时候能飞。有连通人与动、植物语言交流的神奇功能，有透视宇宙的千里眼。

目录

1. 杀虎口关城偶遇神奇“盲人”

长城小知识

1、请说出一种烽火的材料？

答：杂草。

2、明军对烟火的使用有法令吗？

答：有。

3、举一烽、放一炮表示来敌多少？

答：表示来敌百人左右。

4、举二烽、放二炮表示来敌多少？

答：表示来敌500人左右。

2019 年 8 月 1 日上午 9 点左右，天空万里无云，红彤彤的太阳斜挂在东南上空，把杀虎口关城照的金光灿灿，威严不可冒犯。

一辆旅游大巴车缓缓地拐进了杀虎口长城停车场，稳稳地停了下来。

导游拿着扩音器，热情地喊：“游客们好，杀虎口长城到了，所有人带好自己的物品，下车看长城了。下午两点准时开往大同的云冈石窟。这里咱们是自助游，记好集合时间。”

慧慧与能能早就收拾好东西，急不可耐地下了车，快速走到入口处，观察着雄伟的杀虎口长城的关城。

关城上空，两只雄鹰展翅交替盘旋着，竟然画出了一个“V”字形，给古老的杀虎口长城蒙上了一层神秘的面纱。

慧慧迫不及待地拿出照相机拍照，兴奋地说：“两只鹰在欢迎我们！我早就对杀虎口长城感兴趣，今天终于梦想成真了。一会儿，咱们多拍照、多问问当地人，尽可能多地了解杀虎口长城。听说这里的古代长城可以追溯到春秋战国时期，比秦始皇修建的长城还要早，太难得了。”说完，她举起照相机，连续按下快门。

“咔嚓”——关城上空两只鹰的特写。

“咔嚓”——关城全貌的特写。

……

“原来我以为秦始皇修建的长城是最早的，现在才知道，早在春秋战国时期，春秋列国就修建了长城。这次如果咱们能看一看春秋战国时期的长城遗址就好了。我用手机直播，给朋友们分享，山西的杀虎口长城，太值得一看了。”能能边说边拿出智能手机。

“对，宣传万里长城随时随地，让人们都来关注万里长城，都来看看杀虎口长城，还是你有高度。”慧慧边说边拍照。

“我现在有‘100 万 +’的粉丝，都在关注长城，其实万里长城不仅是中国的也是全世界的，谁不愿意当好汉呢！家人们，家人们！下面开始现场直播，请随我近距离观察杀虎口长城，我现在的位置是……”能能单手举着手机，一本正经地直播起来。

“咕咚”一声，一位盲人不慎踩在了路人丢弃的易拉罐上，踉踉跄跄地摔倒了，面色惨白，痛苦地呻吟：“哎呀、哎呀，谁扔的垃圾，害惨我老汉了……”

俩人急忙回头观瞧，发现一位盲人老汉摔倒了，很痛苦的样子，急忙跑过去搀扶起盲人。

能能帮助老人捡起助走杆，把路面上的易拉罐捡起来，扔进垃圾箱里。

慧慧急忙轻轻地拍打老人衣服上的尘土，关切地说：“爷爷，您没事吧。我们扶您路边坐会儿。”说完，她与能能一起，搀扶着老人走到花池子边，坐在一处干净、平整的台阶上。

老人喘着粗气，双手叉腰，逐渐恢复了平静，感激地说：“谢谢、谢谢你们。我这老腰、老胳膊、老腿的可是经不住摔呀！你们是哪里来的呀？是来看杀虎口长城的吗？”

“爷爷好，不用谢，这都是我们应该做的。我叫慧慧，从北京来的，是来考察杀虎口长城的。他是能能，从法国巴黎来的，也是来考察杀虎口长城的。您怎么一个人到这里来了呀？多危险呀！一会儿，我们送您回家吧。”慧慧拉着盲人的手，认真地说。

“是呀！爷爷，您眼睛不好，一个人不能出来乱走，多危险呀！”能能也在一边说着。

“你们太有礼貌了，既然是来考察杀虎口长城的，咱们就有缘。关于杀虎口长城的故事，我有发言权，如果你们不嫌我啰唆，我可以给你们讲一讲。我是杀虎口村的人，祖辈是明朝军队的副将，在这里修建杀虎口关城。我小时候和村子里的小伙伴天天来这里玩，看过往的行人、骆驼、马车、骡子、驴车、拖拉机、汽车、摩托车，对这里了如指掌，现在我的眼睛虽然看不见了，也能轻轻松松地顺着长城遗迹走回家。”

“叽喳——”一阵大叫声，几只漂亮的喜鹊从关城上飞落到花池子边，跳来跳去，寻找着食物。

能能扭头看着喜鹊，兴奋地说：“哇！喜鹊、喜鹊，出门见喜，好事、好事。爷爷，您是明朝士兵的后裔，您给我们讲讲杀虎口长城的传奇故事吧。”

“能能，你小点声，爷爷岁数大了，让爷爷好好想想。”说着便拿出笔记本和笔，准备记录。

老人微笑着，长出了一口气，仰起头，兴致勃勃地说：“是呀，好记性不如赖笔头，看来你们俩真是有心人。杀虎口长城有威严，一个‘胡’字，吓得胡人后退 20 里，不敢轻易攻进关城。这里是交通要道，是通往西北的咽喉，‘茶马古道’与‘古代丝绸之路’都经过这个关口。我把知道的全部讲给你们，保你们满意。”

“嘎吱吱——嘎吱吱——”杀虎口关城上空传来一阵清脆的叫声，一群大雁排着“八”字形队伍，缓缓飞出关城，朝塞外飞去，给人以无限的遐想。

老人停顿了一会儿，朝天空望去，乐呵呵地说：“大雁思乡呀！这里大雁多，一年四季飞来飞去。看见大雁，‘走西口’的故事，就仿佛是昨天发生似的。我 88 岁了，没有文化，识不得几个字，小时候上过村办的扫盲班，特别爱听故事，听村里的大喇叭广播，而且听了就忘不了，现在我的脑子里全是过去的事，眼前的事情倒是记不住了。小时候淘气，天天爬长城、敌楼、烽火台、关城，抓麻雀、兔子，挖野菜，抓蚂蚱、蛐蛐、蜻蜓，反反复复在周围活动，这里的任何一个角落都烙在我的脑子里了。”

“爷爷，您就把知道的故事讲出来吧，想到什么就讲什么，最好是有意思的、传奇的，只要与杀虎口长城有关系的都可以讲。”能能拉着老人的手，着急地说。

“爷爷，您把记忆最深的事情讲出来。”慧慧拿着笔和本，边准备记录边认真地说。

老人长出了一口气，咳嗽了几声，不紧不慢地说：“小时候，我听老人讲，杀虎口长城的地理位置极其重要，是兵家必争之地，连年打仗，关城四周掩埋了许多士兵的遗骸，小时候经常能发现被雨水冲刷出来的人骨头，夜间

‘鬼火’闪耀，很吓人。杀虎口关是山西省朔州市右玉县的‘宝贝’，它的北头是古长城，据说有几千年的历史了，比秦始皇修建的长城还早。它的西面是苍头河，源源不断的河水，养育了这里的人。河里的鲤鱼肥美，营养丰富。根据我们家的家史记载，杀虎口关建于明朝嘉靖年间，我的祖上就是修建这个关口的副将，这个关口仿佛是一把大铁锁，锁住了去内蒙古、新疆、俄罗斯的大门。这个关口对于塞外与内地的物品交换、货币流通、民族交流与融合起到了积极的作用。这里就是晋商的主要发源地之一。鼎盛一时的‘大盛魁’商号就发祥于此，“大盛魁”的贸易遍及全中国，横跨欧亚，见证了古代商贸的繁荣景象。‘走西口’你们都听说过吧，西口指的就是眼前的杀虎口关。多少人背井离乡，远离内地，逃往塞外，妻离子散，悲壮而伟大。人们为了纪念‘走西口’，编写了许多歌词，惆怅满腹，悲悲戚戚，感人至深。我小的时候，经常有戏班子来村子里唱‘走西口’的戏，十里八村的人都来听，人山人海，热闹得很。记得有几句戏词是（老人边说边哼着小调）：

我的亲儿哟，你顺顺利利地走过通顺桥哟……我的亲儿哟，回头看看娘哟，娘的眼睛要哭瞎了哟，打今儿起，再也没人给你做棉袄、纳鞋底、蒸馍馍……我的亲儿哟，想娘的时候，让大雁捎个信哟，给娘托个梦哟……

“听老辈人讲，秦汉时期这里被称为参合，唐代这里叫白狼关，宋代这里叫牙狼关，明代前期这里叫兔毛河堡，明代后期，为了抵御瓦剌南侵，明军曾多次在此出兵征战，为了震慑瓦剌部落，明朝皇帝亲自改名为‘杀胡口’，到了清代，康熙皇帝西征胜利返京途中经过这里，为了缓解民族关系，提倡‘胡汉一家亲’，改名为‘杀虎口’。此名一直延续到了 1925 年。民国时期，冯玉祥的部下奉命驻守此关，为了缓解民族矛盾，促进民族贸易顺利发展，正式更名为‘杀虎口’。”

“嘎吱”一声，一只喜鹊飞落在老人身边，蹦跳着，仿佛也想听故事。

老人停了停，微笑着，深吸了几口气，缓慢地掏出烟袋，熟练地打着火机，点燃烟袋锅子，吧嗒起来。

慧慧听的有点儿动情了，眼角含泪，急忙举手，驱赶着喜鹊。

“这只喜鹊通人性，只是有点儿黏糊人。听就听吧，别轰走它。爷爷，您同意吗？”能能看着喜鹊，有些怜悯，举手朝慧慧打手势，小声说。

盲人爷爷吐出一口烟，咳嗽了几声，轻松地说：“对了！这里的喜鹊是有灵性的，能知道天气的变化情况，喜欢与人在一起。慧慧、能能别赶了，我继续讲，兴许喜鹊能听懂我讲的故事。我印象中有几个故事非常有趣，至今我都认为是真的，可是我又没有亲眼看见过。”

“哪几个？您快说说。”能能追问。

“一是地下石窟里藏着宝藏，举世无双，刺猬是打开石窟的钥匙，这几百年经常有神秘的‘高人’来此寻宝，神神秘秘的样子，很古怪，只见寻宝人来，不见寻宝人走。二是很早很早以前，有一只会说话的龟，时隐时现，能帮助老百姓让庄稼获得大丰收。秦朝灭亡后，人们再也没有见过它。三是烽火台里冒出的虚幻的‘@ 人’，行踪诡秘，飘忽不定，一会儿钻出城墙，一会儿钻出敌台，一会儿钻回长城地基下，一会儿进入南侧的中关和平集堡。据说这是很久以前的事情了。我该回家吃降压药了。如果想听故事，随时来我家，杀虎口村 2 号，我等你们。这里的古代长城很诡异，你们要注意安全。再见了。嗨，我又想起来了一个传说，说是明朝嘉靖年间，这里发生过一次人狼大战，惊天地，泣鬼神。”老人边说边站起来，拄着助力探杆，朝前面走去。

“太精彩了，我听得入迷了，爷爷您慢点走，我们中午找您去，继续听您讲杀虎口长城的故事。”慧慧边说边站起来，目送着逐渐走远的老人。

“爷爷，太过瘾了。中午，一定去您家，听您讲杀虎口长城、讲来无影去无踪的‘@人’、讲会帮助老百姓丰收的龟、讲能打开石窟宝藏的刺猬、讲人狼大战……”能能边说边朝老人挥手再见。

“好嘞，我回去准备茶水、花生、瓜子、大枣，欢迎你们来。”老人边说边走，逐渐消失在远方。

“嘎吱吱——嘎吱吱——”一阵又一阵大雁的叫声从关城上空传来，几行大雁有序地飞过杀虎口关城上方，仿佛在让地面上的人们检阅它们的飞行姿态。

长城小知识

1、举三烽、放三炮表示来敌多少人？

答：表示来敌千人左右。

2、举四烽、放四炮表示来敌多少人？

答：表示来敌5000人左右。

3、举五烽、放五炮表示来敌多少人？

答：表示来敌万人左右。

4、请说出“九边十一镇”其中的一镇？

答：蓟州镇。

2. 救助受伤的小刺猬

长城小知识

1、请说出“九边十一镇”其中的一镇？

答：宣府镇。

2、请说出“九边十一镇”其中的一镇？

答：大同镇。

3、请说出“九边十一镇”其中的一镇？

答：太原镇。

4、请说出“九边十一镇”其中的一镇？

答：延绥镇。

“汪汪汪——”一阵狗叫声从关城右侧的城墙下面传来，慧慧和能能急忙扭头观瞧，发现一只流浪狗朝一个小动物，狂叫不止。

慧慧和能能加快脚步走过去，一只小刺猬蜷曲着，一只流浪狗在不远处狂吠。

能能弯腰捡起地上的一块鹅卵石，朝流浪狗砸去，边砸边喊：“走开。”

“嘭”的一声，流浪狗的脖子被鹅卵石击中了，它的前腿扬起，摇晃着头，丢下小刺猬，掉头顺着城墙跟，狼狈逃窜。

俩人快步来到小刺猬身边，弯腰仔细观察，发现小刺猬缩成一团，背上的刺有倒掉的，露出了渗出鲜血的表皮。不知是被流浪狗攻击的，还是在逃跑过程中受的伤。

“小刺猬伤的不轻，我有急救包。”慧慧边说边拿下双肩包，找出急救包里的止血药粉，小心翼翼地撒在小刺猬流血的伤口处。

“小刺猬，你别怕，我们保护你，你的窝在哪里呢？这里都是城墙，没有洞口呀？”能能边说边转头四处寻找。

不一会儿，小刺猬逐渐安静下来，伸出头，朝慧慧和能能连连点头，转身朝北面的城墙走去。

1 米、2 米……66 米，俩人跟着小刺猬走到了长城尽头，发现面前是一段古老的残破长城地基，直达山顶敌楼，夯土里夹杂着枯黄的芨芨草，四周围排列着密密麻麻的拳头大小的洞口。

慧慧急忙蹲下去，探头认真观察，嗅着夯土的味道，疑惑地说：“夯土层应该是古长城遗迹，难道这里是秦汉时期的长城遗迹？这里怎么会有这么多洞呢？是不是刺猬家族都住在里面呢？”

“非常有可能。原来刺猬的窝就在此处呀！借助古长城夯土建造窝，结实耐用，避风挡雨，冬暖夏凉。小刺猬，你的家是不是在这里呢？能不能带我们进去看看呢？”能能边说边蹲下去，观察着密密麻麻的洞口。

“叽叽——”小刺猬不断地朝密密麻麻的洞口叫着，嘴里向外吐出大量气体。

“哧溜——”一阵异常的声音从密密麻麻的洞口里传出，之后，几乎同一时间露出了无数个刺猬的头。个个睁大眼睛，机警地观察着，“叽叽”地叫着。

“天呀，这么多的刺猬，太壮观了、太壮观了。我做直播，一定爆棚。”能能挥舞着双手，兴奋的不得了，边说边拿出手机，进入直播间，一本正经地说：“家人们，我与慧慧姐现在位于山西省的右玉县的杀虎口长城遗址前，我们追踪刺猬，经过了明代长城，来到了秦汉长城遗迹前，看，遗迹里密密麻麻的洞口伸出无数个刺猬的头……”

“我要拍照留念。”慧慧被眼前的情景惊呆了，急忙摘下照相机，精准地调整焦距，边说边快速地按下快门。

“咔嚓”——长城残破墙基上密密麻麻洞口的特写。

“咔嚓”——洞口露出无数个刺猬的头的特写。

……

“哧溜”一声，小刺猬快速钻进一个茄子大小的空洞中，发出一阵“叽叽”的叫声。

“家人们注意了，直播进行中，又有新发现，小刺猬回家了。看清楚，这是茄子大小的洞口，估计里面很宽敞。小刺猬也不打个招呼就回家了，太不够意思了。我把你的家直播出去，让全世界我的粉丝看看刺猬的窝是什么样子，你没有意见吧？这可不是侵犯你的隐私。”能能边说边用手机镜头对准刺猬的窝直播。

“嘎吱——”一阵鸣叫声从数百米开外的山坡顶端的敌

楼上空传来，一只雄鹰展翅盘旋着。

鹰的叫声让刺猬的叫声戛然而止，它们整齐划一地迅速退回洞内，不见了踪迹。

能能的手机对准山顶的老鹰，急促地说：“新情况，老鹰出现在山顶的敌楼，把刺猬吓回洞里去了。”

“看来这只老鹰是发现猎物了，来者不善。”慧慧边说边移动相机，对准了老鹰，连续按下快门。

“咔嚓”——敌楼上空老鹰盘旋的特写。

“咔嚓”——老鹰展翅飞远的特写。

……

能能停止了手机直播，收好手机，侧过身子，缓慢横向移动脚步，对准密密麻麻的洞口，一个接一个地观瞧，张嘴喊：“小刺猬，你在哪里？快出来，老鹰飞走了。”

慧慧错开几步，绕过能能，朝前面的洞口走过去，双手做成喇叭形，放在嘴前，弯腰高喊：“刺猬，你不出来，我们回去了，再见了。我们去杀虎口关城了。”说完，她直起腰，转身走到能能身边，拉着能能往回走。

刚刚走出几步，忽然听见身后“哗啦”一声，俩人急忙回头观瞧，被眼前的情景惊呆了。

小刺猬用头顶着一个栩栩如生的“虎符”出现在一个拳头大小的洞口前，俩人急忙退回去，弯腰观察，发现“虎符”是椭圆形，制作精美，大约有巴掌大小，金灿灿的。

能能手快，伸手拿起来，发现底面刻有一个字，惊喜万分，急促地说：“这是虎的模型，底部还有字，干什么用的呢？我辨别不出来，慧慧姐，你有学问，你快看看。”

慧慧接过“虎符”，举在眼前，上下左右翻转着，仔细观察，自信地说：“明白了，这是小篆体，据说是秦朝宰相李斯创造的，我练习过，这个字应该是个‘蒙’字。天呀，咱们发现国宝了，回去交给文物局。这是‘虎符’，古代调动军队使用的，这可是重器，难得一见。应该还有另一半呀！”

能能眼睛瞪圆了，急忙拿出手机对准“虎符”直播，激动地说：“家人们好，现在恢复直播，刚刚刺猬用头顶出了一个‘虎符’，请近距离看看。‘虎符’太精美了，虎符底部刻有小篆体——‘蒙’字。慧慧姐说是国宝，应该还有另一半，一会儿我们继续寻找，希望家人们持续关注。慧慧姐，为什么还有另一半呢？请你给我的粉丝们解释一下。”

慧慧观察着“虎符”底部的“蒙”字，认真地说：“我猜想，这可能是秦国大将蒙恬的‘虎符’，他就是秦始皇派去修建北方长城的统帅。这是‘虎符’的上半部，应该还有下半部。我们一定要认真找一找，这可是重大的发现，说明蒙恬确实在此地修筑过长城。”

能能举着手机直播，兴奋地说：“家人们，听见了吗？这是秦国大将蒙恬的‘虎符’，不可思议。我们继续寻找另一半，希望能顺利找到，合二为一，直播结束。”

“叽叽——”洞口前的小刺猬朝山坡顶端的敌楼大叫起来，声音越来越高。

慧慧把“虎符”装进包里，急忙蹲下，伸手摸着小刺猬，关切地问：“小刺猬，你怎么了，为什么朝山顶敌楼叫呢？是不是老鹰又来了呢？不怕，我们保护你。”

能能仰头朝山顶敌楼望去，什么也没有发现，着急地说：“可能有什么东西让小刺猬不安了，这样吧，我放飞无人机，低空航拍，看看有什么情况。慧慧姐，这是微型监视器，你监视画面。”说着，他拿出无人机，朝山顶敌楼方向放飞，熟练地操控着手中的遥控器，调整无人机的飞行状态。

“唰”的一声，无人机 45 度角飞出，高度大约 10 米，逐渐加速朝着山顶敌楼飞去。

慧慧点点头，拿过微型监视器，仰头观瞧着，兴奋地说：“无人机真是太棒了，希望能发现什么。”

能能站在残破的长城边，手里拿着遥控器，仰头、瞪

大双眼，追寻着飞行的无人飞机，

慧慧坐在小刺猬边，低头看着微型监视器里接收的无人机探测山顶敌楼发回的图像信号——长城墙体图像出现了、山顶敌楼的图像也出现了、敌楼中心塌陷损坏的墙体也出现了，画面逐渐放大，越来越清晰。

“敌楼的画面太震撼了，再放大些。”慧慧边说边看图像。

“明白！我用鹰眼技术，锁定敌楼。”能能边说边操控着遥控器。

残长城的敌楼上空，无人飞机缓慢地旋转着。

“哗啦——哗啦——”一阵轻微的机械转动声，机翼下面探测镜头的光圈快速旋转起来，聚焦的光圈精准定位、放大。

慧慧瞪大眼睛，看着监视器上的图像，激动地说：“定位了，航拍确实了不起，一览无余。能能，估计你的直播要爆棚了。敌楼外侧墙体边有个闪光点，向右一点。”

“明白！右一点点。”能能边说边小心翼翼地转动操控器旋钮，观察着逐渐右移的无人机，不敢有丝毫的大意。

山顶敌楼上空，无人机缓慢右移，镜头缓慢地旋转着，拍摄着敌楼墙体边沿的发光物体。

“到位了，能再放大点吗？”慧慧目不转睛地看着画面，焦急地说。

“不能了，镜头到达最大极限了。无人机高度也不能再降低了，万一碰到墙体，就栽了。”能能边说边摇头，表示无奈。

“嗷——”山顶敌楼闪光点附近隐隐约约传来虎啸声，听着有点瘆得慌。

慧慧摇晃了一下头，侧耳听，而后睁大眼睛，尽力看画面，发现闪光物体好似“虎符”，兴奋地说：“刚才好像有虎啸声，难道这里真的有虎吗？难怪叫杀虎口。刚才我基本看清楚了，好像是‘虎符’，是不是蒙恬大将军的另一半‘虎符’呢？能能，你收好无人机。走！我们去敌楼看看。”

能能点点头，看着无人飞机，兴奋地说：“好。无人机，这次你立大功了。刚才我也好像听见虎啸声了，隐隐约约的，不太清楚。”说完，他操控遥控器，收回无人机。

能能弯腰收起无人机，装入背包里，跟着慧慧朝山顶敌楼跑去。

小刺猬望着俩人的背影，边点头边钻回洞里，消失得无影无踪了。

“扑啦啦——扑啦啦——”一群蝙蝠从敌楼里飞了出来，

绕着敌楼飞了几圈，又飞进敌楼里。

敌楼越来越近了，由于是上坡，俩人都跑出了汗，累得气喘吁吁，闪光物近在咫尺，形状与“虎符”一模一样。

“到了，就在墙体下面的洞口边。我要直播了。家人们好，现在我来到了敌楼发光物前，咱们要一睹发光物的风采，到了，‘虎符’‘虎符’……”能能放慢脚步，边说边走过去，蹲下身观察发光物，用手机边拍摄边进行直播。

慧慧伸手拿起发光物，翻过来仔细观瞧，底部赫然刻着“恬”字，确定是蒙恬大将军的另一半“虎符”，激动万分，提高嗓门说：“是蒙恬大将军的‘虎符’，是重大发现，回去以后，立马交给国家。现在，我让两半‘虎符’合二为一。”说着，她从包里拿出之前发现的“虎符”，将两半“虎符”对接。

“奇迹来了——”能能拿着手机直播，激动地说。

两半金灿灿的“虎符”对接在一起，出现一个完整的椭圆形虎的形状，上为“蒙”字，下为“恬”字，严丝合缝。

能能和慧慧的目光集中在完整的“虎符”上，正准备起身返回，忽然听见敌楼墙体底部有动静，赶忙低头观瞧。

“唰”的一声，一只刺猬从墙边的洞口里钻出来，看见慧慧和能能吓的急忙后退，迅速缩回洞中。

慧慧和能能十分惊奇，目光同时聚焦在刺猬钻回的洞口上，异口同声地说：“洞里有……”

“轰隆隆——”一阵奇怪的声音从洞口传出，地面迅速下陷，慧慧和能能没有一点心理准备，瞬间坠入洞穴的甬道中。

3. 坠入敌楼下面的“石窟”

长城小知识

1、请说出“九边十一镇”其中的一镇？

答：宁夏镇。

2、请说出“九边十一镇”其中的一镇？

答：固原镇。

3、请说出“九边十一镇”其中的一镇？

答：甘肃镇。

4、请说出“九边十一镇”其中的一镇？

答：昌镇。

洞穴垂直高度七八米，底部拐弯的甬道里烟尘、骨粉四起，昏天黑地，能见度几乎为零，底部堆满了数十具尸骸骨架、背包、水壶等。

“哎呀呀——”慧慧和能能顺着洞穴边沿往下坠落，连续发出惊恐的叫声，不一会儿便到达了洞穴底部。

“都怪刺猬，刺猬太狡猾了，是不是暗算我们呢？我的腰、我的胳膊痛。哎呀、哎呀，这是什么味道呀，太难闻了。慧慧姐……”能能躺在尸骸骨架上，摸着后腰，表情痛苦，边说边挣扎着，晃晃悠悠地站了起来，又摔倒了，再站起来。

“在这里、这里，呛的难受，黑咕隆咚的，啥也看不见。这是古墓吗？气味难闻，有点奇怪。能能，害怕吗？”慧慧边咳嗽边用力撑住洞壁，摇摇晃晃地站起来，焦急地说。

“扑棱棱——”一阵翅膀扇动声从洞穴底部拐弯处的甬

道里传出来，一群蝙蝠飞过俩人头顶，直冲洞穴口而去，从敌楼一侧的塌陷洞口钻出，顺着敌楼墙体飞入敌楼里。

“啊！”慧慧惊叫一声，双手乱挥舞，恰好抓住了能能的一只手，稳住了心神，大声地喊：“能能、能能，是你吗？刚才好像是蝙蝠，太吓人了。这里是哪里？”

“叽叽——”一阵怪叫声，甬道深处，一头巨大的豪猪瞪着血红色的眼睛，奋力地朝着慧慧和能能直撞过来。

“快闪开！有怪物。”能能边说边拉着慧慧闪在一旁。

“嗖——”一阵空气摩擦声，豪猪从慧慧和能能身边冲过去，踩踏着尸骨遗骸，爬上了几乎垂直的洞穴口，钻出敌楼墙体的洞口，冲进杂草中，不见了踪迹。

不一会儿，烟尘散去，洞穴底部透进了微弱的光线，慧慧和能能全身哆嗦，互相搀扶着，紧靠着洞穴拐弯处的甬道墙壁。

能能低头看着尸骨遗骸，急忙仰头观瞧，焦急地说：“我的天呀，这是哪里？这些尸骨是盗宝贼的吗？坍塌的洞穴入口几乎垂直，有数米高，咱们俩是爬不出去了。刚才咱们在敌楼的墙边找到了‘虎符’的另外一半，你一对接起来，就出现了‘蒙恬’二字，而后刺猬钻出敌楼墙基的洞口，咱们俩不小心跟随刺猬掉进洞穴里，顺着洞壁滚入甬道内，在这里遇到了蝙蝠、豪猪，难道这是它们的窝吗？豪猪、蝙蝠、刺猬，刺猬、蝙蝠、豪猪，我都晕菜了，这是什么地方？”

慧慧握紧能能的手，情绪稳定了，转过身，提高嗓门说：“你的心理素质真好，描述的清清楚楚。我想这个奇特的洞穴不是豪猪洞，也不是刺猬洞，更不是蝙蝠洞，它们只是借宿在这里，这里肯定是人类造的洞穴。这么多的尸骨遗骸，还有深不可测的甬道，可能是个古墓，也就是传说中的藏宝洞。我感觉这里不对劲，不宜久留，咱们得马上找出口出去。手电筒在包里，拿出来照明。”说完，她伸手拿背包里的手电筒照亮。

能能点点头，拿出背包里的手电筒，提高嗓门说：“嗨！刚才一紧张忘记手电筒了。有亮光了，希望就有了。甬道长不长呢？里面是什么呢？咱们过去看看。”说完，他打开手电筒照向甬道深处。

瞬间，人工开凿的高约 3 米、宽约 3 米、长约 20 米的甬道被两道手电筒的光照得很亮，左右两侧石壁上分别雕刻着 10 幅巨大的浮雕画面（两米 1 幅），人物栩栩如生、活灵活现。

左侧第一幅画面——一位头戴王冠的中年人，手持宝剑，站在一乘九匹战马的篷车上，俯视着下面跪拜的六位头发散落、王冠坠地的人。

左侧第二幅画面——一位威武的大将军站在山顶敌楼上仰天大笑，一道自尽的圣旨飘落在长城边。

左侧第三幅画面——一位身穿绸缎的青年才俊吊死在敌楼一角，写有自尽的圣旨随风飘荡。

左侧第四幅画面——蜿蜒雄伟的万里长城全景与辉煌精美的阿房宫。

左侧第五幅画面——无数青、壮年修建长城的情景。

左侧第六幅画面——各种度量衡被士兵扔进火炉里熔化。

左侧第七幅画面——无数种钱币被士兵扔进火炉里熔化。

左侧第八幅画面——无数竹简被焚烧，无数文人被活埋。

左侧第九幅画面——无数种字体被焚烧。

左侧第十幅画面——一条河，河边矗立着一座关城，城楼横梁上刻有“参合”二字，一群士兵抬着棺椁进入敌楼。

右侧第一幅画面——一位头戴王冠的中年人，双手合十，朝泰山拜祭。

右侧第二幅画面——海里的一艘大船上，一位头戴王冠的中年人伸手指着远方的仙岛。

右侧第三幅画面——一位仙人手捧仙丹呈送给一位头戴王冠的中年人。

右侧第四幅画面——一位武士拔出匕首刺向一位头戴王冠的中年人。

右侧第五幅画面——一位官员双手举着法典呈送给一位头戴王冠的中年人。

右侧第六幅画面——一位头戴王冠的中年人站在弯弯曲曲的水渠前观望着。

右侧第七幅画面——一位头戴王冠的中年人与一位文官交谈。

右侧第八幅画面——一位头戴王冠的中年人仰头看着六幅地图。

右侧第九幅画面——一位头戴王冠的中年人仰头迎接天空的 UFO。

右侧第十幅画面——骊山下面的兵马俑、战车和军阵。

“太精美了，这是浮雕，立体感强烈，简直是奇迹。慧慧姐，给我解释解释好吗？”能能眼睛不舍得眨一下，看得津津有味，迫不及待地说。

慧慧举着手电照着画面，逐一讲解道:“好说、好说，给你说一说中国历史，还原秦朝的真相。这左侧第一幅画面说的——秦始皇统一六国，接受六国亡君的叩拜之礼。这左侧第二幅画面说的——秦朝大将军蒙恬最后的绝唱。这左侧第三幅画面说的——公子扶苏吊死的情景。这左侧第四幅画面说的——秦朝筑造的万里长城全景与阿房宫。这左侧第五幅画面说的——士兵修建长城的情景。这左侧第六幅画面说的——统一度量衡。这左侧第七幅画面说的——统一钱币。这左侧第八幅画面说的——秦始皇焚书坑儒。这左侧第九幅画面说的——统一文字。这左侧第十幅画面说的——苍头河边的杀虎口关（秦朝叫参合关），公子扶苏躺在棺椁里入殓的情景。这右侧第一幅画面说的——秦始皇在泰山举行封禅大典。这右侧第二幅画面说的——秦始皇巡游蓬莱仙岛。这右侧第三幅画面说的——秦始皇接受长生不老仙丹。这右侧第四幅画面说的——荆轲刺秦王的故事。这右侧第五幅画面说的——秦始皇颁布统一的法典。这右侧第六幅画面说的——秦始皇视察灵渠。这右侧第七幅画面说的——秦始皇与宰相李斯交谈国事。这右侧第八幅画面说的——秦始皇把六国的版图归为大秦。这右侧第九幅画面说的——秦始皇接见火星宛渠国的国王与宰相。这右侧第十幅画面说的——秦始皇的骊山地宫。”

“天呀，这是一部秦朝史，今天我真的长知识了，秦始皇的故事真不少。回去以后，给我讲讲，我请你吃法国蜗牛。”能能边说边看着画面。

俩人并肩缓慢前进，边看边说，不知不觉走到了甬道拐弯处，一堵汉白玉的大石门挡住了去路。

“石门，太奇怪了。难道要憋死在这儿吗？”能能边说边推门。

慧慧驻足观察石门，帮助能能一起推门，可是石门纹丝未动，俩人喘着粗气，停下来，仰头观察。

“嗡——”石门内发出一阵奇怪的响声，好像有动物飞翔。

慧慧侧耳细听，表情严肃起来，急忙用手电筒照石门，光圈亮点从上到下缓慢移动着，发现石门上写着两个字——扶苏，慧慧吃了一惊，皱紧眉头说：“扶苏，这是秦始皇的大公子，非常有才华。被迫自杀了，政治牺牲品。这里是不是扶苏的棺椁呀？所谓的石窟宝藏就是扶苏的棺椁吧！也就是古墓。”

“难道这里是古墓，扶苏公子埋在里面，这可是天大的新闻，咱们没有退路了，只能进去，看看能不能找到入口呢？可是这扇大门没有锁、没有开门机关，表面光滑，怎么打开呢？估计那些盗宝贼无法打开这扇门，被迫退回去，最后惨死在洞穴底部。”能能举着手电筒照着“扶苏”二字，着急地说。

“找、找、找，一定能找到开门的钥匙或机关。能能，你找右侧，我找左侧。网络格方法寻找，功夫不负有心人，一定能找到。”慧慧边说边走到大门左侧，举着手电筒从上到下移动着，眼睛盯着光圈，寻找着细微的地方。

“明白！我是飞行员的视力，绝对不会放过任何蛛丝马迹。”能能边说边向大门右侧跨出几步，举着手电筒照亮，眼睛几乎贴在门上，仔细观察。

慧慧趴在门边，用手电筒照着门底，边看边说：“扶苏与蒙恬在一起戍边，最终的下场很凄惨。是不是他自杀后，拥护他的士兵悄悄地把他葬在这里呢？难道扶苏公子早就知道要死在这里吗？石门后面究竟是什么呢？刚才我好像听见翅膀扇动声了，怪怪的……”

能能也学着慧慧的样子，趴在大门底部，借助手电筒的光边观察边说：“我记得盲人爷爷说过几个传说故事，第一个就是地下石窟里藏着宝藏的故事，里面的宝藏举世无双，刺猬是打开石窟的钥匙，这几百年经常有神秘的‘高人’来此寻宝，神神秘秘的样子，很古怪，只见寻宝人来，不见寻宝人走。第二个故事是有一只会说话的龟，时隐时现，能帮助老百姓下雨，获得大丰收。秦朝灭亡后，人们再也没有发现过它。第三个故事是烽火台里冒出的虚幻的@人，行踪诡秘，飘忽不定，一会儿钻出城墙，一会儿钻出敌台，一会儿钻回长城地基下，一会儿进入南侧的中关与平集堡。看来不是传说，可能是真的。慧慧姐，你快来看，这里还有两个字——后诗。什么意思呢？是人名吗？秦朝有叫后诗的人吗？后诗与扶苏、蒙恬有什么关系呢？我都糊涂了，还是你来解释吧。”

慧慧急忙来到能能身边，手电筒的光对准“后诗”二字，思考了一会儿，认真地说：“我猜猜，后诗不是人名，是文字谜语，也是开启石门的钥匙。这也太‘无厘头’了吧。”

能能一脸茫然，反复念叨：“后诗、后诗、后诗，文字谜、文字谜、文字谜，我有点晕，太有想象力了吧。慧慧姐，别猜了，直接说出谜底，看看石门能不能打开呀，快点吧，我都要急了。”

慧慧站起来，伸手轻轻拍打着石门，一本正经地说：“大石门，我猜出你的用意了，我给你钥匙——古诗，宋朝陆游：

《古筑城曲》

长城高际天，
三十万人守。
一日诏书来，
扶苏先授首。

石门，我背诵完毕，这把钥匙对不对呀！请回答。”

“轰隆隆——”一阵开门的声音震的甬道四周碎石乱掉，大石门缓缓下沉，最终与地面同高。

“扑棱棱——”一阵翅膀扇动声从里面传出，一群蝙蝠狂躁地飞出，穿过甬道，朝垂直的洞穴口飞出去了。

“嗡嗡嗡——嗡嗡嗡——”一群蚊子拥挤在一起，飞出大门，冲入甬道，飞出洞穴。

俩人急忙闪身，躲过蝙蝠、蚊子，对视了一下，同时用手电筒照进去，被眼前的情景惊呆了。

4. 古墓里解救神龟和“@人”

长城小知识

1、请说出“九边十一镇”其中的一镇？

答：真保镇。

2、请问明长城中的堡与小堡是什么？

答：这是长城线上的基本单位。

3、请说出堡内驻兵人数？

答：人数数十人至百十人不等，设百总或把总把守。

4、万里长城资源主要分布在哪里呢？

答：河北、北京、天津、辽宁、山西、陕西、内蒙古、黑龙江、吉林、宁夏、甘肃、湖北、湖南、山东、河南、新疆等16个省、自治区、直辖市。

“嗖”“嗖”“嗖”三声过后，三支冷箭射向能能的头、前胸和肚子。能能反应迅速，立刻蹲下，冷箭从他的头顶飞过去，深深地扎入了石壁上。

“嗖”“嗖”“嗖”三声过后，又有三支冷箭射向慧慧的大腿、小腿和脚面。慧慧纵身跃起，冷箭从她的脚下飞过去，深深地扎入了石壁。

“好险呀，与探险小说里写的一模一样。小心点，走！”慧慧边说边迈步朝墓室里走。

“这是暗箭，太厉害了，咱们要当心。”能能边说边拿出多功能刀，跨步进入大门，用手电照亮。

门内是一个较大的石窟，高约 4 米，大约有 600 平方米，四周摆放着雕刻的十二生肖——鼠、牛、虎、兔、龙、蛇、马、羊、猴、鸡、狗、猪，个个栩栩如生、形态逼真。

中间是高出地面大约半尺的石头圆台，直径大约 5 米，圆台上摆放着一口完好无损的石棺。石棺前摆放着一块石碑、一个石罐、一盏石灯和一个带盖子的石鼎。

“看、快看！这是石棺，石棺前面有碑，墓主人一定是公子扶苏，咱们看看石碑是怎么记载的。”能能边说边拉着慧慧朝石棺走去，手电筒的光一直照着石碑。

“扶苏是个心软的公子，坎坷一生，最终被政治所害。他的石棺是国宝，咱们不能打开，务必要保护好，千万不能破坏。一会儿咱们走出石窟后，立刻向右玉县文物局报告。请求局长派人发掘、保护，展现给世人，必然会引起轰动。走！咱们过去看看。”慧慧边说边与能能往前走，手电筒的光聚焦在石碑上。

俩人走到石棺的石碑前，聚焦手电筒的光，弯腰观察着石碑。发现石碑上刻着两个醒目的小篆字——扶苏。

能能表情严肃，拿出手机，加重语气说：“不可思议，真是扶苏的墓碑，这也太简单了吧。为什么只有两个字呢？难道不应该写上他的生平吗？好歹他也是公子呀，也戍边修建长城了呀！我开始直播了。不好！没有信号，先录像，上去再播放吧。”

慧慧用肩膀碰了能能一下，点点头说：“墓碑的碑文简单也是情理之中的事，他是被陷害的，当时的政治斗争严酷，谁敢大张旗鼓地安葬扶苏公子呀，只能悄悄下葬。你看石碑前面的石罐、石灯、石鼎有点意思，估计都是陪葬品。石灯里还有油脂，看看能不能点燃呢？”说完，她从包里拿出打火机，朝石灯上点火。

“哧啦”一声，打火机打出的火星子，引燃了石灯里的油脂。

“呼啦”一声，石灯里顿时蹿起半尺多高的火苗子，亮如白昼，把石窟内照得一清二楚。

“老天爷呀，几千年的石灯还能用，太神奇了。”能能边说边观察着石灯、石棺、石罐和石鼎。

慧慧兴奋不已，收回打火机，激动地说：“火苗子这么长，说明石窟里氧气充足，空气流通，肯定有另外一个出口，只是隐藏起来了。听，罐子里有动静。”

“唰唰——”一阵低沉的声音从石罐里传出来，声音越来越大。

俩人急忙围在石罐边，仔细观瞧，发现石罐好似一个小瓮，半米多高，收口处有一个带窟窿眼的盖子，完好无损，充满着神秘。

能能的眼睛对准盖子向里瞧，什么也看不见，侧耳细听，惊喜万分，摇摇头，转动着眼睛，边思考边说：“黑咕隆咚的看不清。不过确实有声音，好像有什么东西爬动，不可思议。管不了许多了，打开盖子看看。石罐，对不起了，我不破坏文物，轻轻地打开。”说完，他伸手用力拽着盖子。

慧慧屏住呼吸，睁大眼睛，盯着石罐收口处的盖子。

“咔啦”一声，盖子松动了。

“开了，开了，石罐里没有什么异味呀？”能能边说边拿下盖子，轻轻地放在旁边，用鼻子闻着石罐口的味道。

“扑哧”一声，石罐口内闪出两团蓝光。

“哧溜”一声，一个核桃大小的龟爬了出来，沿着石罐口慢慢爬着。

“龟！”慧慧和能能吃了一惊，异口同声地说。

龟大大方方地仰起头，缓慢伸长脖子，头与慧慧和能能的头等高，朝俩人三点头，表示搭救之恩。

能能瞪大眼睛，看着龟，惊喜地说：“神龟，你好呀！怎么能活在石罐里呢？石罐里没有吃喝，多寂寞呀，太可怜了。”

慧慧激动的手舞足蹈，急切地说：“这是梦吗？还是幻觉呀？我估计达尔文先生在世也说不清楚。神龟，你顺着甬道爬出去，拐弯处的山边有苍头河，你在河里生活就幸福安稳了。”说完，她伸手拿起龟，放在身后的地面上。

龟在地上摇晃了一会儿，舒展了身体，快速伸长脖子，头对准石灯，缓慢转动两只小眼睛。

“唰”“唰”，灯芯里射出两道蓝光，不偏不倚，正好射进龟的两只眼睛里。

“哒”“哒”，两声过后，龟的眼睛里冒出两团白光，跳起了“摇摆舞”，快乐地说：“谢谢二位救了我，还我自由。你是北京的慧慧，你是巴黎的能能，我是神龟，从现在开始，我会一直保护你们，你们就是我的主人了。自我介绍一下，我88888岁了，在地球造山运动中，从燕山海底而来，储存着生命基因密码、宇宙演变密码，通天、通地、通万物，具有大智慧，具有未卜先知的神奇能力。我能变大也能变小，关键时候还能飞，还有语言翻译功能，能把动、植物的语言翻译给你们，把你们的语言翻译给动、植物，这样你们就能与动、植物对话了。我的眼睛有万里透视功能，能看穿宇宙的各种物质。女娲娘娘让我驻守‘参合’，因为‘参合’是宇宙中心线经过的位置，观察地球的环境，监测外太空飞来的彗星、陨石和南极上空的黑洞。特别是监测人类排放到宇宙中的危险‘垃圾’。一天，我在河边晒太阳，睡着了，被秦始皇的大公子扶苏的侍卫发现了，把我放入了石罐里，当了扶苏公子的陪葬品。石罐里没有光，我的能量被僵化了，只好逆来顺受，接受这个现实。今天你们让我见到了石灯的光，我苏醒了，以后会我跟随你们探考万里长城，我想女娲娘娘是不会怪罪的。”

慧慧喜出望外，伸手摸着龟的脖子，激动地说：“神龟，你能知道我和能能的名字，了不起，我叫你神龟了。原来是女娲娘娘把你放在这里的呀，失敬、失敬！你给秦始皇的大公子扶苏陪葬，有点受委屈了。以后不能贪睡了，要对自己的生命安全负责哟！”

能能伸手摸着神龟的脖子，兴高采烈地说：“神龟，你是不是穿越过来的呢？88888 岁、女娲娘娘、秦始皇的大公子扶苏、陪葬。我有点蒙圈了，还想听你讲讲过去的事情，太震撼了，完全颠覆了我的‘三观’。”

“嗖”的一声，神龟的脖子顺着甬道的垂直洞口向上伸长，钻出了敌楼墙壁边上的洞口，好似雷达一样旋转了 360 度，眼睛闪出两道光圈直冲天穹。

广阔无垠的宇宙，两道光圈一左一右，绕着地球大气层外圈高速旋转着，分别向外太空搜索，寻找“闯入者”。

“呼呼呼——”一阵奇怪的空气摩擦声从无穷的远端发出，不一会儿，一颗形似老虎的“脏冰”显露出来，朝地球高速飞驰而来。

两道光圈立刻瞄准，放大十字线，锁定目标，测量数据，传输到神龟的大脑里，形成了撞击杀虎口关的影像。

“天呀，太夸张了吧，这是干什么去了？呼吸新鲜空气吗？在石罐里憋久了吧。”能能看着神龟脖子伸长的情景，吃惊地说。

慧慧吓了一跳，焦急地说：“神龟，你的脖子干什么去了？洞口都是碎石头，别划破了你的脖子。”

神龟摇晃着头，快速把头缩回洞内，看着石碑前面的石鼎，神秘地说：“你们给了我自由，女娲娘娘知道了也会感谢你们二位。有一个天大的秘密告诉你们——看来是天意，刚刚我看到了一颗虎形‘脏冰’在远端飞行，朝地球冲撞而来，撞击地球的中心点正是杀虎口关城中心点，撞击时间是今天中午北京时间 12 点整，你们赶快想办法。地球的命运危在旦夕，现在要看你们二位的表现了。记住——此事只要说出口，必须由你们二位独立完成，不能泄露给任何人。目前解决的唯一办法只有 @ 人知道，它会告诉你们。@ 人有压缩时间与文放大时间的本领。”说完，它缩回脖子，钻进慧慧的上衣兜里，一言不发了。

“‘脏冰’是什么呢？”能能迫不及待地问。

神龟眨眨眼，一字一句地说：“‘脏冰’是人类的‘杰作’，是人类向大气排放的有毒气体、放射性物质、巨型杀伤性武器爆炸后产生的有害物质与水蒸气混合，在地球大气层外形成的特殊‘脏物’，长年累月地绕着地球轨道运转，好似滚雪球一样，越滚越大，最后体积与重量达到极限时，就会坠入地表，会撞毁地球。”

慧慧表情严肃，急忙看手表，急促地说：“看来环保太重要了，人类要自省呀！现在10点，‘脏冰’还有两小时就要撞击杀虎口关了。时间太紧张了，这消息还不能泄露给任何人，可是我们去哪里找@人呢？”

“这不是难为人吗？我们没有电磁炮、激光武器、核武器、太空飞船、火箭、航天飞机、哈勃望远镜，也不知道@人住在哪里，这是一个无解的难题。神龟，请再透露一点点，求你了。回到北京、巴黎以后，我给你买小鱼、小虾、牛肉、蜗牛吃，好不好呢？”能能弯腰，对着慧慧的上衣兜里的乌龟，认真地说。

“呼”的一声，神龟把头钻出慧慧的上衣兜，转动着一对小眼睛，一会儿看看能能，一会儿看看石碑前的石鼎，一本正经地说：“谢谢，我都馋死了，说话算话哟！你们自己悟，我不能泄露太多。现在我自愿减寿1年，义务给你们充当同声翻译，把所有动、植物的音频转换成你们人类能听懂的语言，而后把你们人类的音频转换成所有动物和植物能听懂的音频，你们之间可以自由交流了。音频转换器开关已经打开了，现在你们能与所有的动、植物交流了，发现@人的线索就有了。要学会观察，刚才我看什么了。”说完，它从嘴边吐出两个小肉囊，头缓慢缩进慧慧的上衣兜里，不出声了。

能能猛地拍打着自己的脑门，恍然大悟，提高嗓门说：

“你看什么呢？看我了、看石鼎了，难道石鼎里有@人吗？”说完，他围绕着石鼎观察。

慧慧扬起手，轻轻怕打着上衣兜里的神龟，兴奋地说：“这可是天大的好事、奇事，我们居然能听懂动、植物的语言，是不是在童话世界里了呢？”说完，她蹲下身子看着石鼎。

“神龟，石鼎里的@人你见过吗？盲人爷爷说过你的故事，看来是真的。”能能边看石鼎边说。

神龟把头伸出慧慧的上衣兜，一字一句地说：“见过，见过，人们说我什么呢？”

“说你会说话，时隐时现，能帮助老百姓下雨，获得大丰收。秦朝灭亡后，人们再也没有发现过你。还说了一个故事，与你说的@人差不多。烽火台里冒出的虚幻的@人，行踪诡秘，飘忽不定，一会儿钻出城墙，一会儿钻出敌台，一会儿钻回长城地基下，一会儿进入南侧的中关和平集堡。神龟，你既然见过@人，喊它几声，让它自己出来怎么样？12点、12点，地球不能被‘脏冰’撞毁呀！”能能蹲在石鼎前面，左手拍打了一下慧慧兜里的神龟，加重语气说。

神龟摇晃着脖子，眼睛盯着宝鼎，一字一句地说：“你们认真观察石鼎，与石鼎说说话，没准@人高兴了，可能就出来了。”

慧慧和能能点点头，不再追问神龟了，上下左右观察起来，目光聚焦在石鼎的文字与图像上。

石鼎方方正正，长、宽、高分别约两尺，四面雕刻着画像与数字。

正面是一行数字——2019—08—01—12:00。

左面是一组图案——蘑菇云、冒黑烟的大烟囱、炸弹爆炸、喷洒农药机、排气管子。

右面是一组图案——圆球外，一个形似老虎的物体滚动着。

背面是一组图案——杀虎口关爆炸，昏天黑地，尸横遍野。

上面刻画有人物——浮雕 28 个栩栩如生的人物。

底部刻画有人物——浮雕 28 个栩栩如生的人物。

慧慧目不转睛地看着，着急地说：“看清楚了，是一幅地球被‘脏冰’撞击的图，蘑菇云就是原子弹爆炸呀，冒黑烟的大烟囱、炸弹爆炸、喷洒农药机、排气管子显而易见，都与人类排污有关。外太空老虎形状的‘脏冰’2019 年 8 月 1 日 12 点撞击地球，杀虎口关是撞击的爆炸点，导致地球毁灭。太可怕了，环保太重要了，肆意排放污染物，‘老天爷’也不答应呀！”

能能上一眼下一眼地观瞧着，而后举起手电筒，趴在石鼎下面扭头观瞧石鼎底部，吃惊地说：“瞧！这上面雕刻着 28 个人物、底部也雕刻着 28 个人物，看上去喜形于色，载歌载舞，二者有联系吗？代表什么意思呢？”

慧慧看着石鼎上面和底部雕刻的 56 个人物，思考了一会儿，胸有成竹地说：“有，有，应该有，我猜出来了。应该是中国的 56 个民族的名称，我背诵出来，看看对不对。”

“慧慧姐，还是你有文化，佩服！石鼎，您听好了，慧慧博士开始背诵了。”能能站起来，朝慧慧竖起大拇指，轻轻地拍打着石鼎，兴奋地说。

慧慧咳嗽了几声，大大方方地背诵：“排名不分前后，中国五十六个民族：汉族、蒙古族、回族、藏族、维吾尔族、苗族、彝族、壮族、布依族、朝鲜族、满族、侗族、瑶族、白族、土家族、哈尼族、哈萨克族、傣族、黎族、傈僳族、佤族、畲族、高山族、拉祜族、水族、东乡族、纳西族、景颇族、柯尔克孜族、土族、达斡尔族、仫佬族、羌族、布朗族、撒拉族、毛南族、仡佬族、锡伯族、阿昌族、普米族、塔吉克族、怒族、乌孜别克族、俄罗斯族、鄂温克族、德昂族、保安族、裕固族、京族、塔塔尔族、独龙族、鄂伦春族、赫哲族、门巴族、珞巴族、基诺族，背诵完毕，满意吗？”

“咔哒”一声，石鼎盖子开启，无数圈七彩电磁波向外扩大，快速地把俩人罩住了。

俩人同时感到有一股强大的磁力线钻进身体里，全身热血沸腾。不一会儿，俩人的眼前出现了一块大屏幕，不断闪耀着神奇的宇宙画面。画面越来越大，越来越亮。不一会儿，波纹的虚拟画面里逐渐出现了一个活泼可爱的“@人”，

“天呀，你是‘@人’吗？”慧慧惊喜万分，激动地说，急忙伸手抓，抓空了。

能能伸手摸，摸空了，惊讶地说：“假的吗？虚幻的吗？”

‘@人’缓慢飘移在慧慧和能能的眼前，微笑着说：“二位好，欢迎你们来到杀虎口关的维度空间转换入口，我有压榨时间与放大时间的本领，可以把几个小时、几天、几个月、几年、几十年、几百年、几千年缩成几秒钟……，也可以把几秒钟放大成几分钟、几小时、几天，几月、几年、几十年、几百年、几千年……你们想穿越时空隧道吗？想进入第十一维度空间吗？想看到过去的一切吗？想真正知道杀虎口长城的故事吗？想见到你们想见的人吗？想要财宝吗？”

慧慧急忙朝“@人”摆手，着急地说：“什么宝贝也不

要，更没有心思玩。地球 12 点要被‘脏冰’撞击了，神龟说你有办法，请您告诉我们救助地球的办法。”

“@ 人，地球也是您的家，赶快救救地球吧。您是哪里来的呢？为什么藏在石鼎里呢？”能能挥舞着双手，流着眼泪说。

“慧慧、能能，咱们有缘，告诉你们也无妨。其实我不是地球人，我是远古时期的“@ 人”，是火星宛渠国王送给秦始皇的礼物。秦朝初年，火星宛渠国王带领相帅造访地球，与秦始皇会谈的十分顺利，秦始皇请求火星宛渠国王帮助保护万里边（长）城，火星宛渠国王愉快地答应了，专门送给了秦始皇的特殊礼物——永远不灭的“@ 人”。双方决定成立万里边（长）城 @ 人护卫军，总统帅是秦始皇，总顾问是火星宛渠国王，下设职务——万里边（长）城 @ 人大总管、@ 人万里巡查眼、@ 人 6 帅（风、雨、雷、毒、震、烟）、@ 人 101 个驻守关城的哨兵。我是 101 个驻守关城的“@ 人”之一，主要任务是负责万里边（长）城的杀虎口关的保卫工作，保持杀虎口关通往维度空间管道通畅无阻。”

慧慧听的十分认真，着急地说：“不可思议，太传奇了吧。”

“问问您，现在火星表面有人吗？”能能迫不及待地追问。

“@人”眨眨眼，一字一句地说：“火星表面没有人了，因为发生过一次星际间的核战争，毁灭了。火星表面已经无法居住人了，火星宛渠国人被迫转入地下生活了，在大峡谷里隐藏着数万人。”

“天呀，太神奇了，简直不可思议。”慧慧边说边转动眼睛，思考着，激动的心情无法言表。

“天呀！我的‘三观’完全乱了。中午12点，地球要被撞击了。现在最要紧的是找到保卫地球的办法，@人，全靠你了。”能能与@人对视着，着急地说。

“@人，咱们是老朋友了，我是神龟，还记得我吗？赶快帮帮慧慧和能能吧。”神龟把头钻出慧慧的兜，边说边观察着@人。

@人微笑着，看着神龟，惊喜地说：“老龟你好，我就知道是你引导慧慧和能能来的。好说，好说，可以告诉慧慧和能能，可是解决的办法在第十一维度空间里，必须随我进入。”

听了@人与神龟的对话，慧慧和能能立刻平静下来，兴奋地看着眼前的@人，异口同声地说：“十一维度空间里真有解决办法吗？”

“有！进入吗？进入吗？回答、回答，请回答。如果再不回答，我就关闭宇宙维度空间转换入口了，等 100 年以后再进入吧。”@ 人看着慧慧和能能，微笑着说。

“进入！”慧慧看着眼前飘浮的 @ 人边说边做着进入的手势。

“超级想进入！”能能举着双手，高声喊道。

@ 人继续在慧慧和能能的眼前飘浮着，微笑着说：“好嘞！进入。不过，进入前，先考考你们知道不知道汉高祖刘邦的《大风歌》。说出来的话，就带你们进入；说不出来的话，就请回吧。”

能能抓耳挠腮，急的不知如何是好，扭头看看慧慧，挥舞着手，示意慧慧回答。

《大风歌》

（汉高祖刘邦）

大风起兮云飞扬，

威加海内兮归故乡，

安得猛士兮守四方。

慧慧看着 @ 人，情绪激昂地背诵。

能能听着慧慧的背诵，眼睛都直了，竖起大拇指，连声说：“点赞，点赞，点 100 个赞！”

“好久没有听到这样的朗读了。我开启时间压缩与放大功能，带你们进入！进入！闭眼。倒计时 10 秒钟。开始。10、9、8、7……”@ 人边飘移边微笑着说。

“太棒了！要什么，来什么。你开启了时间压缩与放大功能，我要打破物理定律，进入第十一维度空间了，去看看杀虎口关究竟藏着什么宝贝，我要拯救地球、拯救地球，人类要环保。”能能看着 @ 人，边闭眼边说。

慧慧激动地连连点头，闭上眼睛说：“谢谢 @ 人，我兴奋的要疯了。时间压缩与放大、自由改变与控制时间，好似做梦一样。我想大科学家牛顿先生、爱迪生先生也不一定能解释清楚。”

“6、5、4、3、2、1，穿越时空，进入第十一维度空间。走起！”@ 人眼睛一眨，一字一句地说。

“唰”“唰”两声，@ 人冒出两道电磁光圈，分别与慧慧和能能连接在一起。瞬间，慧慧和能能被电磁波纹包围起来。

“哧”的一声，慧慧随着红光，消失在电磁波纹里。

“哧”的一声，能能随着红光，消失在电磁波纹里。

“唰——”一阵持续的响声，电磁波纹化为一条电影胶片，托着慧慧和能能快速地移动着。

2019 年、2018 年、2017 年、2016 年……1571 年，

突然，胶片停止了。

“咕咚”“咕咚”两声，慧慧和能能飘落在苍头河边的山丘上。

@ 人缓慢地飘移在慧慧和能能的眼前，微笑着说：“好了，好了，慧慧、能能醒一醒，你们已经通过维度空间转换入口，进入了第十一维度空间，你们要跳出地球时间的概念，在十一维度空间里的时间，我控制你们的行动时间，保证让你们在北京时间 12 点返回平行宇宙里的地球，完成任务。现在你们来到了 1571 年，也就是你们人类的明朝的嘉靖年间。现在时间有限，你们只能在第十一维度空间里停留 60 秒钟，由于我开启了压缩时间与放大时间的功能，实际约等于平行宇宙里你们地球的两个小时。我设计了程序，北京时间 12 点 00 分 00 秒，准时返回杀虎口关城。看看最重要的事件，见见最重要的人物，拿到保护地球的‘宝贝’。从现在开始，1 秒钟你干什么，不能干什么的疑问要在你们俩人的脑海里暂时消失，回到平行宇宙的地球上再恢复吧。”

慧慧和能能缓慢地睁开眼睛，警觉地观察着苍头河和杀虎口关，面对着 @ 人，仿佛丢了魂似的，木呆呆的表情，不知道到该问什么了。

长城小知识

1、 长城的墙身有多高呢？

答：因为防御敌人进攻的需要，平均墙体高7米，有些地段超过14米，地基宽度一般超过6米，墙顶宽度一般超过5米，可以通过马车、战车等。

2、 万里长的起点与终点是哪里？

答：现在比较权威的说法是——明朝长城起点，辽宁的虎山长城；终点，甘肃的嘉峪关长城。

3、 请说出六种万里长城两旁古代士兵栽种的树？

答：柿子树、栗子树、核桃树、枣树、榆树、香椿树。

4、 请说出建筑长城使用的城砖常用的四种动物帮助运输，是哪四种呢？

答：骡子、马、牛、羊。

5. 收取关税的情境

长城小知识

1、请说出六种种万里长城两旁的野菜名？

答：七七菜、苦苣菜、地马菜 、扫帚菜、地米菜、野苋。

2、请说出六种万里长城两旁的野生植物名？

答：芦苇、山地瓜、山土豆、浮萍、狗尾巴草、苦苣菜。

3、请说出六种万里长城两旁的野生植物名？

答：向日葵、野葡萄、兔耳草、帽子草、人参果、龙爪牙。

4、长城建筑史上的最后一个朝代是？

答：明代。

“呜”的一声，一只独狼钻出山谷，追赶着一只狍子。狍子疯狂逃窜，不一会儿，体力不支，被独狼扑倒在地，凄惨地嚎叫着。

“呼啦啦——”苍头河里，清澈的河水卷着水花流淌着。一条鲤鱼在水中嬉戏着，自由自在。

“哇”的一声，山顶敌楼上空，一只隼俯冲下去，机敏地抓起苍头河里的鲤鱼，腾空而起。

“叽喳——”一阵鸟叫声从山坡烽火台里传出，一群麻雀飞出烽火台，降落在苍头河边的草地里觅食。

“叮哒哒——”一阵铃铛声由远至近传来，数十头骆驼排着队，缓缓地接近杀胡口关。

看着眼前的一切，慧慧和能能茫然不知所措，迷迷糊糊的神态，六神无主的样子，好像没有睡醒一样。

神龟把头钻出慧慧的兜，急促地说：“快点提出要求，时间不多。只有 60 秒钟。骆驼队、马队、驴队、牛队是‘丝绸之路’上的标志，你们是不是可以问一问关税情况呢？”

听了神龟的话，慧慧和能能清醒了，眼睛也有神了，恢复了正常。能能推了慧慧一下，小声说：“你先说，你先说。”

慧慧点点头，转动着眼睛，认真地说：“对，对！明朝这里的关税、商贸往来最出名了，我想亲眼看看边贸通商、关税的情景。”

“是的，我听说明朝隆庆五年间，杀虎口关的边贸往来热闹非凡，‘丝绸之路’的商队绵延不断，每年的税收 10 万两白银，这可是大数目呀！我想看看当时的情景，谢谢@人了。”能能环视着杀虎口关，急切地说。

“好说，好说，在第十一维度空间里随时可以看见任何过去发生的事。你们看清楚了，现在正是通关、收税的情境，看仔细了。”@人边说边闪着眼睛。

“咔嚓——”一阵胶片的转动声，无数人影与画面闪过。画面定格在晴空万里的杀胡口关旁边的平集堡的大门前。

慧慧和能能连连点头，同时睁大眼睛，仔细观察，惊喜万分。

平集堡大门前，人声鼎沸，牛、羊、马、骆驼和驴子的叫声此起彼伏，热闹非凡，一队接一队的商旅等待进关、验收、交税、疫检。

门口外墙边，守城士兵修建了夯土围墙，面积有篮球场大小。围墙上写着：申请、画像、验货、核税、画押、疫检、造册处。

一张特大号的桌子前坐着一位威严的明朝 5 品税官，两位全副武装的士兵守卫在两旁，桌子上摆放着印章、印盒、文书和算盘。桌子后面，有十几个铁制箱子，里面装满了银子。

税官低头仔细瞧看西域商人递上来的报单，拨打着算盘，随口说："10 匹马、20 头牛、狼皮 100 张……需交足 10 两白银，即可放行交易。"

西域商人立刻拿出 10 两白银，交给税官，唯唯诺诺地说："大人，10 两白银，交齐了，您查验。"

税官接过白银，掂了掂，点点头，立刻签署批文，拿起官印沾上红色印泥，边往文书上盖印边说："核验，放行。"说完，他把通关文书交给了西域商人。

"谢啦！"西域商人边说边笑眯眯地离开桌子，朝土围子门外马队走去。带着驼满货物的马队、牛队进入平集堡内，交给士兵通关文书。

几个士兵立刻对其画像、勘验货物、登记造册，盖上火漆印，放他进入交易区域。

一位内地茶商主动过来与西域商人洽谈交易事宜，双方伸手反复打着暗语，最终各自满意，达成了交易。

“下一位，交税。”站在税官旁边的士兵，朝夯土围子门外大声喊。

另一位西域商人牵着驮满物资的骆驼，走进夯土围子，拴好骆驼，走到税官面前交出物资清单。

税官低头仔细瞧看西域商人递上来的物资清单，拨打着算盘，随口说：“鹿茸 200 斤、麝香 100 斤……需交足 20 两白银，即可放行交易。”

西域商人立刻拿出 20 两白银，交给税官，乐呵呵地说：“大人，20 两白银，交齐了，您查验。”

税官接过 20 两白银，掂了掂，点点头，立刻签署批文，拿起官印沾上红色印泥，边往文书上盖印边说：“核验，放行。”说完，他把通关文书交给了西域商人。

“谢啦！商贸自由，物资互换，各取所得，天下太平。”西域商人边说边乐呵呵地走到骆驼前，牵着骆驼走进平集堡内，交给士兵通关文书。

几个士兵立刻对其画像、勘验货物、登记造册，盖上火漆印，放他进入交易区域。

七八位内地药商围拢上去，争着与西域商人洽谈药品交易事宜，七嘴八舌地讨价还价，一时没有结果。

“咕噜噜——”一辆马车从官道上跑来，进入平集堡，车上装满了绸缎，赶车人急匆匆地来到西域商人面前，大喊：“大家都消停点，官办采药，他的这趟鹿茸、麝香全部归官家了。大家都歇着吧。”说完，他朝西域商人挥手，示意他牵着骆驼，进入官道交换货物。

西域商人赶忙朝围在身边的买主拱手示意，赔着笑脸说：“请见谅，对不起各位朋友了，对不起各位老客了。下回、下回我多带点货，保证大家都有份。”说着，他牵着骆驼跟随着官家买主朝管道走去，进入了一个安静的院子里交易去了。

“吱嘎嘎——”一辆装满货物的牛车慢悠悠地朝夯土围子走来，赶车人风尘仆仆，年岁较大，也是一位西域人。

“右拐、右拐。”门口，明朝守卫边喊边引导他进入夯土围子接受画像、勘验货物、登记造册。

“哒哒哒——”一阵蹄子声从堡内官道传出，一位骑着高头大马的官人带领着一顶轿子、6 头骆驼、6 匹马、6 匹骡子组成的官队朝大门走来，发出阵阵铃声。官队前后各有数十名身披铠甲的士兵保护着，领头的士兵举着旗帜——官史出访。威风凛凛，浩浩荡荡，场面十分壮观。

门口守卫的士兵急忙迎上去，行军礼，高喊：“出访官史，放行！”

“呼啦啦——”一阵嘈杂的蹄子声响彻平集堡，官史出访团浩浩荡荡地通过了大门，朝西域走去。

“咕噜噜——”两辆马车载着货物朝平集堡而来，士兵挥舞着手，示意赶车人进入夯土围子接受检查。

赶车人跳下车，牵着马，快速进入夯土围子，接受画像、勘验货物检查、等待叫号交税银、放行。

“烤包子、烤馕。”一位商贩推着小车，边吆喝边停在夯土围子大门边。

“哇！好香的烤包子、烤馕，这口味绝了、绝了！各来5个。”一位西域商人从围子里跑出来，掏钱购买。

“拿好、拿好，吃吧、吃吧，过了这个村就没有这个店了，远近闻名，都知道我们家的烤包子、烤馕好吃。”商贩边说边把烤包子、烤馕用草纸包裹好，交给了西域商人。

“好吃。”西域商人边说边吃，快步走回围子里。

“800里急报、800里急报……”一位信使骑着战马边喊边飞驰入城。进入驿站，换马换人，继续送信。

“烤羊肉串、烤羊肉串……”一位商贩推着烤炉，边吆喝边朝大门走来，停靠在大门左侧。

“这烤串太解馋了，今天我请客，来30串。解解馋。”3位西域商人围拢过去，边说边拿着羊肉串吃。

“好吃，肥而不腻，瘦而不柴，正宗的孜然粉，胡杨木炭，货真价实……”商贩边说边烧烤着羊肉串，分别交给西域商人。

“太过瘾了，走了十多天的沙漠，第一次吃上油荤，解馋。”3 位西域商人边说边吃，脸上充满着幸福感。

太阳升到正南方了，金色的光线照在关城上，散发出耀眼的光芒。

平集堡的大门依旧敞开着，行人、马队、骆驼队、马车、牛车进城、出城井然有序，一派繁荣的景象。

关城上，几名全副武装的士兵巡逻。“叽喳——”一群燕子，绕着关城上空旋转着，飞入了房檐下的巢穴里。

“嘎——”一群喜鹊叫着，飞上了山坡的一棵榆树上。

“咚咚咚——”远处的山谷里，一群黄羊朝山坡奔跑着。

“午时了、午时了、午时了……”关城的报时钟前，一名士兵拿起鼓槌儿，边喊边敲响了钟。

“吃饭了、吃饭了，今天有红烧兔子肉、烤馕。昨晚，兄弟们进山套了二十多只野兔子，管饱、管饱。”一位伙夫挑着食盒，边说边走到大门口，拿出一摞饭碗，摆放在门口的石条凳子上。

“野兔，好吃。”关城上的士兵纷纷走下来，围在伙夫身边，大口大口地吃了起来。

“嘎啦嘎啦——”一阵车轱辘转动声，三辆马车驮着货物走进关门，领头人举着旗子，走向守卫的士兵，高喊：“贡品、贡品。”

士兵放下手中的饭碗，挥手指挥，大声说：“对不起，对不起！上面有令，从今儿起，贡品也要检查，请进入夯土围子里，接受画像、勘验货物、登记造册、疫病检查。”

“不对，你们这是偷梁换柱呀，物品对不上，质量也差得很，掉包了吧。三辆马车的贡品与清单记录完全不符，移花接木的把戏，糊弄谁呢？关押。来人！抓起来。”一位士兵拦住马车，边检验货物边说。

“呼啦”一声，一群士兵冲过来，包围了三辆马车。

“饶命、饶命，官人放过我吧，我也是无奈呀，半路遇上土匪了。土匪给掉包了，贡品没有了，只好自己花钱买，凑数。饶命啊！”领头人举着旗子，垂头丧气，连声解释。

士兵不听他的解释，押着他们朝远处的围墙里走去。

“嘎吱吱——”一阵马车轱辘声传得很远，车上装满了大米、白面、黑茶饼子，缓慢地来到了大门，准备出关，被士兵拦下来。

赶马车的人急忙下车，拿出物品清单交给士兵，假装殷勤地说：“官家，货物都是合法的，这有批文——大米

1000 斤、白面 1000 斤、黑茶饼 100 片。”

士兵接过批文，对照画像，反复确认赶马车人，加重语气说：“验货，看看有没有违禁的走私物品。”

“是！”几位士兵边说边把马车牵进前面的围墙里，开始查验货物。

围墙内，一位士兵伸手摸着米袋子，发现里面有铁器，打开口袋，刀、剑、斧头都露了出来，怒气冲冲地喊：“有走私武器、铁器，抓起来。”

“呼啦啦——”从城门后冲过来几个士兵，抓走了走私武器的赶马车人。

一位挑着担子、头戴斗笠的中年人急匆匆地进城，被士兵拦下。士兵对照着画像仔细观察，发现有些不对劲。立刻从门后的柜子里拿出一张通缉令，对照通缉令上的照片，确认是逃犯，顿时大声说：“通缉犯，罪人。来人！抓起来、抓起来，送将军亲审。”

城门外，一位西域人牵着骆驼准备进城门。士兵挥手示意进入土围子。西域人牵着骆驼进入土围子，等待检查。

一位背着药匣子的兽医走进骆驼，发现骆驼身上有溃烂，立刻拿出药水为骆驼消毒，大声说：“骆驼有疫情，不准进入。退出关城 20 里，半月之内，不得再入关城。”

“这、这、这，可怜、可怜骆驼吧。”西域商人面带难色，恳求着说。

“不行！这是传染病，立刻牵走骆驼，退出关城 20 里。给！这是外用消炎药，每一天都要给骆驼涂抹。半个月后痊愈，再进城。”兽医边给骆驼消毒边严肃地说。

一位西域人牵着一头骆驼准备出城，士兵指挥他进入土围子里。

“这是什么货物？”士兵边问边伸手检查骆驼背上麻袋里的东西。

“黄豆、黄豆！”西域人看着士兵，故作镇静地说。

“不对！怎么这么硬呢？穿刺勘验！”士兵边说边拿出探针，用力刺进麻袋里。使劲一拉，探针带出来的是盐。

“这不是我放进去的，是、是……”西域商人面带土色，结巴着说。

“贩卖私盐，走私、走私。该死、该死……”士兵边喊边押走了走私盐巴的西域商人。

“银子，拿着、拿着……”一位西域商人带着几头牛走进关门，准备绕过夯土围子直接进城，悄悄地拿出银两，塞给了守门士兵，强装笑脸，压低声音说。

“贿赂士兵，要杀头的。你老老实实地进入围子，画像、检查、交税、登记，再贿赂我们，就杀了你。”士兵边说边指挥他进入夯土围子。

“明白，我进围子、进围子。”西域商人边说边赔笑脸，牵着牛走进围子里排队，接受检查、报税。

“天呀！明朝通关检查太认真了，严格执法，不徇私情，佩服。”慧慧边说边看。

“大开眼界，杀胡口关名不虚传，‘丝绸之路’上的明珠。”能能边说边冲士兵竖起大拇指。

“好了、好了，过去 10 秒钟了，还有 50 秒钟。咱们走啦，帮你们实现下一个心愿。”@ 人边说边飘移着。

慧慧和能能看着通关过程，边点头边满意地跟着 @ 人移动脚步，顺利地离开了平集堡大门。

长城小知识

1、请说出 1 种特殊的长城砖？

答：带字长城帽砖。

2、请说出 1 种特殊的长城砖？

答：云龙纹砖。

3、请说出 1 种特殊的长城砖？

答：莲花砖。

4、请说出 1 种特殊的长城砖？

答：花纹砖。

6. 击杀攻城的群狼

长城小知识

1、请说出 1 种特殊的长城砖？

答：刻字城砖。

2、请说出 1 种特殊的长城砖？

答：带字长城砖。

3、请说出 1 种古代守卫长城士兵使用的武器？

答：大铜炮。

4、请说出 1 种古代守卫长城士兵使用的武器？

答：铁蒺藜。

“嗷”的一声，一头成年独狼站在山顶烽火台前，瞪着布满血丝的眼睛，仰天长叫，声音凄惨、悲哀……

“二位，抓紧时间，提出要求，这里时间短暂。”@人边说边停止飘移。

俩人沉浸在通商的情境之中，不停地议论着，顾不上回答问题。

神龟把头钻出慧慧的兜，认真地说：“停止议论通商的事情，赶快说出你们的愿望，第十一维度空间里时间短暂。这是什么动物叫呢？”

神龟的话提醒了慧慧和能能，俩人急忙循声望去，发现烽火台前面有一头怪怪的独狼，眼睛流泪，声音低沉，充满着无限的悲伤。

“狼，人狼大战、人狼大战，我想看人狼大战的情景。”慧慧指着烽火台前面的独狼，兴奋地说。

“天呀！狼看上去悲伤过度，很可怜，我也想看看人狼大战的情景。”能能边说边朝烽火台前的独狼挥手。

“明白，实现你们的心愿，这是上一年的今日发生的事情，这条独狼可能是存活下来了，它来祭奠死去的同伴。你们回去以后，可以写一本《人狼大战》的小说了，太惊险了。”@人边说边看着烽火台前面的独狼。

“好嘞！我一定写好，交给好莱坞的大导演来拍摄。”能能边说边继续朝着独狼挥手。

慧慧看看独狼，又扭头看看杀胡口关楼，吃惊地问：“上一年是怎么回事呀？想看、想看，我有点迫不及待了。”

“咔嚓——”一阵胶片的转动声，无数人影与画面闪过。画面定格在杀胡口关城斜上方的山顶烽火台处。

杀胡口关城大门敞开着，来自四面八方的人们悠闲自得地进出，一幅太平盛世的景象。

城墙上面插着几十面战旗，风一吹，战旗“呼啦啦”地飘摆着，令人血脉贲张、激情饱满、斗志昂扬。

城墙垛口上，排列着 6 门生铁浇铸的大火炮。盔甲整齐的士兵们威严地站在火炮后面，注视着山峦重叠的塞外。

关城最高处的平台上，一张特大的弩机架在上面，对准通往塞外的官道。弩机发射手表情严肃，怒视着前方。

“救命呀、救命呀……”城门外的官道上传来一阵呼救声，一位西域商人牵着一头骆驼朝关城奔跑而来。

“嗷——”一阵狼叫声从山谷拐弯处传出，一头巨大的独狼冲出来，直奔西域商人而去。

“凶狠的西北狼。快跑……”慧慧看着西域商人，着急地喊。

能能挥舞着双手，蹦着高地喊：“快点、快点……”

关城大门口一阵骚乱，人们纷纷跑进大门，寻找安全地点，躲避起来。

“快进来、快进来……”一位守卫大门的士兵边挥手边高喊。

20 米、19 米……6 米，西域商人牵着骆驼接近了城门，累得气喘吁吁、满头大汗。

20 米、19 米……3 米，独狼狂追不止，眼看着就要追到西域商人了。

关城上的士兵立刻敲鼓，发出警报。一位盔甲整齐的军官跑上关城，俯视着西域商人和追击的独狼，大喊：“发射弩机，目标独狼。守卫，准备救人，关闭城门。今天有点邪性，空气中有血腥味，不对劲。”

“遵命！”弩机发射手立刻搭好特制的长箭，拉开粗长的牛筋，左右转动箭头，屏住呼吸，稳住心神，瞄准了关城下追击的独狼，稳稳地施放出去。

“嗖——”特制的箭摩擦着空气，发出一阵奇怪的响声，准确无误地穿进了独狼的头部。

“嗷”的一声惨叫，独狼栽倒在地，抽搐了一会儿，断气了。

西域商人扭头一看，独狼被射死了，吓的瘫软在地。他身后的骆驼也瘫软在地，发出凄惨的叫声。

“快进来……”守门士兵边喊边冲过去，搀扶着西域商人站起来，牵起骆驼，急速走进关门。

“嘎吱吱——”几位守门士兵齐心协力地推大门，两扇大门逐渐转动，最终合龙关闭。

“谢谢兵爷、谢谢兵爷，恩人呀……”进了城的西域商人急忙朝士兵作揖，拿出褡裢里的银子交给士兵，连声道谢。

“不要、不要，你们也不容易，我们保护你们是天经地义的事，快去交易去吧。”一位士兵边说边拒绝了银子。

“谢谢兵爷……”西域商人牵着骆驼，一步三回头地朝里面走。

慧慧看着眼前的一切，感动得流出了眼泪，小声说：“刚才太惊险了、太感人了，明朝的士兵真勇敢，保一方平安。”

“弩机手了不起，神射手，给你点赞。”能能朝关城上的弩机手竖起大拇指，提高嗓门说。

“这算什么，人狼大战的大幕刚刚拉开，还有更惊险的情节呢！”@人边飘移边说。

“还有呢？没完没了吗？”慧慧边看边说。

“难道狼要报复吗？要冲关吗？”能能看着死去的独狼，小声嘀咕。

“嗷嗷嗷——呜呜呜——”一阵接一阵的奇怪声音从远端山谷里传出，隐藏在四周围的鸟儿惊飞，尘土飞扬。

关城上，一位军官站在弩机旁边朝关外观察，表情严肃，大声命令：“准备抛射车！立刻点狼烟，所有士兵上城准备击杀狼群。”

“遵命！”城墙下面，几位士兵推出6辆高大的抛射车，按部就班地装填火药，准备抛射。

“遵命！”一位士兵点燃火把，朝前面的烽火台跑去，急速爬上去，点燃了燃烧物，冒起了狼烟。

“有情况，立刻增援杀胡口关。”5里地开外的一座敌楼里，一位士兵看见了狼烟，边说边点燃火把，点燃了敌楼上方的燃烧物。

狼烟四起，敌情传到了下一座敌楼。

“走、走，援助杀胡口关……”士兵们各拿刀枪，背上弓箭，纷纷跑出山脚下的军营，排成一队，边喊边朝杀虎口关跑去。

“冒狼烟了，好快呀，看来古人传递信号的技巧很高，一旦关城有危险，四周围的援兵马上就会赶到，聪明。”能能边说边看。

“眼见为实，今天如果不是亲眼所见，真不知道古人是这样传送信息的，太震撼了。”慧慧挥舞着手，看着远处的烽火狼烟，激动地说。

“呜——”杀虎口关外，漫山遍野的野狼嚎叫着，凶猛地冲向城墙，100 米、90 米、80 米……10 米，即将爬上城墙。

“发射！”一位军官大喊一声，守城的士兵们个个拉弓搭箭，对准冲过来的野狼放出了雕翎箭。

“嗤嗤嗤——”一阵箭雨声过后，无数支雕翎箭射向狼群。

“轰隆隆——”一群士兵操控着抛弹机，燃烧的火药包越过城墙，砸向狼群里，引发一连串的爆炸，火光冲天。

关门外，野狼的尸体残缺不全，横七竖八地散落在官道上、山坡上、水沟旁……场面极其惨烈。

慧慧目不转睛地看着，吃惊地说：“太震撼了，明朝军队这样打仗，让我一辈子也忘不了。”

能能拿出手机，边拍照边说：“家人们好，这是明军与群狼大战的现场，没有信号，我先录像，回去播放。场面宏大，好莱坞的电影也无法比拟，刺激的每一根神经都绷紧了。”

神龟把头伸出慧慧的兜，伸长脖子，转动眼睛，目光聚焦在关门外的一处杂草丛生的凹洼地里，一字一句地说：“不好，狼王要偷袭了。”

“放心吧，明军的瞭望哨不会看不见狼王，它要被炸飞了。”@ 人边飘移边说。

慧慧朝神龟看的方向看去，发现一头个头与驴差不多大的狼隐蔽在凹洼地里，匍匐前行，逐渐接近关城城门，焦急地说：“狼偷袭、狼偷袭……”

能能急忙举起手机录像，兴奋地说：“家人们好，狼王要偷袭了，看好、看好，这是现场直播，回去放录像。20 米、19 米、18 米……”

“唰啦啦——”狼王快速匍匐前行，眼看着接近了城墙。

“右侧洼地里狼王出现了，距离边墙 18 米，火雷伺候。”关城上的哨兵手搭凉棚边观察边大喊。

“轰隆隆——”一群士兵操控着抛弹机，缓慢右转炮口，奋力压下杠杆，一颗点燃的火雷飞跃城墙，在狼王匍匐前行的洼地里爆炸了，火光冲天。

烟雾散后，狼王的尸体四分五裂，散落在洼地里，惨不忍睹。

杀虎口关城上的瞭望哨往下看着，高喊：“炸飞了，炸飞了。”

神龟把头伸出慧慧的兜，伸长脖子，转动眼睛，看着关门外凹洼地里被炸飞的狼王，一字一句地说：“太惨了，狼王为什么要偷袭杀虎口关呢？有点违反常理呀？”

“瞧瞧，狼王被炸飞了。为什么偷袭杀虎口关，还不是因为当地的猎人进山打猎，射杀了狼王后吗？报仇来了。”@人边飘移边说。

慧慧点点头，看着被炸飞的狼王，着急地说：“太残酷了，人类应该保护动物，人类不应该伤害它们。”

能能举起手机录像，惋惜地说：“家人们，真相来了。人狼大战的起因是因为猎人射杀了狼王后，希望这样的事情不再发生。”

“嗷——”一阵凄惨的狼叫声传来，一匹受伤的狼，拖着一条流血的腿，一瘸一拐地跑向远方的山谷里。

“快看，一头受伤的狼逃回山谷里了，希望能早日养好伤。”慧慧伸手指着前面洼地里的一头逃跑的狼，急促地说。

能能顺着慧慧手指的方向望去，兴奋地说：“天呀，竟然活了一头狼，总算留下一头狼。”

“好了，时间到了，还有 40 秒钟，我们该走了。”@ 人边飘移着边说。

“啊！这么快呀，还没有看够呢！今天大开眼界，闻所未闻，太刺激了、太惊险了。走。”慧慧边说边拉着能能一起随着飘移的 @ 人走远了。

“我没有看够，下次再来。”能能边走边遗憾地说。

长城小知识

1、请说出1种古代守卫长城士兵使用的武器？

答：陶制火蒺藜。

2、请说出1种古代守卫长城士兵使用的武器？

答：铁砍刀。

3、请说出1种古代守卫长城士兵使用的武器？

答：单眼竹节铁铳。

4、请说出1种古代守卫长城士兵使用的武器？

答：铁信炮。

7. 桥上离别——父母的爱

长城小知识

1、请说出1种古代守卫长城士兵使用的物件。

答：泥制火盆。

2、请说出1种古代守卫长城士兵使用的物件。

答：铜脸盆。

3、请说出1种古代守卫长城士兵使用的物件。

答：铜火罐壶。

4、请说出1种古代守卫长城士兵使用的物件。

答：铁火盆。

“20 秒钟过去了，还有 40 秒钟。停下来，问问你们想看见什么呀？抓紧时间哟！”@ 人边说边停止飘移。

由于太兴奋了，俩人站住后，还在议论着刚才人狼大战的事情。

“叽喳——”一阵叫声，一群麻雀叫着，落在慧慧、能能身边，寻找着食物。

“嘎嘎嘎——”一阵怪叫声从山谷里传出，一群乌鸦叫着，飞出山谷，落在死狼的尸体附近。

“呜嘎——”山顶上空，突然飞出一群秃鹫，怪叫着，飞落在死狼尸体上，啄食着。

“哧溜”，一只野兔钻出山坡的地洞，伸出头左右看着，跳跃着，觅食着杂草。

“叽叽——”一阵怪叫声从洼地附近发出，一群土拨鼠钻出来，扑向死狼的尸体，撕咬着。

神龟把头钻出慧慧的兜，急促地说：“嗨！时间宝贵，快点提出你们的要求，第十一维度空间里不可久留呀！太惨了，是不是可以看一看生离死别的场景呢？”

听了神龟的话，慧慧和能能打了个“寒颤”，逐渐缓过神来，四下观察着。

“对！‘走西口’也是无奈地离别，凄凄惨惨，我想目睹一下‘走西口’的过程。对！今天就是‘走西口’了。太期待了，好激动。”慧慧扭头看着关城，挥舞着手，冲着@人说。

“今天来值了，能目睹‘走西口’的过程，太刺激了，终生难忘。这比安徒生童话故事还过瘾，都是真实的。回去后，我也写小说。一定能畅销。”能能边说边扭头看着山顶沿线冒着狼烟的烽火台。

“瞧好吧！慧慧、能能今天让你们好好看看‘走西口’是怎么回事。离别故土，很难、很难，不能忘记了呀，人这一辈子不容易。能能，回去你好好写书，一定要出版，拍电影、拍电视连续剧，让全世界的人都能看见‘走西口’这段历史。”@人边说边忽闪着眼睛。

“咔嚓——”一阵胶片的转动声，无数人影与画面闪过。画面定格在光绪五年的通顺桥。

“这是‘走西口’的必经之路——通顺桥，很艰辛、很不容易，离别之前，内心的苦无法想象。这是清朝光绪三年，山西大旱，黄河断流，颗粒无收，为了生活，人们只好背井离乡，从这里走出去，到草原上去谋生。你们仔细看一看，人为了活下去，多么的悲壮呀！”@人边说边飘移着，眼睛不时地朝通顺桥看着，示意慧慧和能能朝前面看。

慧慧和能能顺着@人看的方向望去，看到一座石头砌成的桥上人们跪下朝南方磕头，不住地祈祷：“再见了，我的娘、我的爹、我的祖宗们，保佑我们一路顺利，我们会回来、会回来……”

“嘎吱——”一阵叫声从桥边的树枝上发出，一群乌鸦栖息在树顶，瞪大眼睛看着桥面上的人们，凄惨地叫个不停。

“哇——”一个瘦弱的孩子大哭着，看上去饿得难受，十分可怜。

衣衫褴褛的妈妈赶紧抱紧孩子，无奈地说：“儿啊，娘没有奶水了，都饿了好几天了，再忍忍吧……”

慧慧看着看着眼圈红了，哽咽着说：“好可怜啊，没有想到这么艰难、这么不容易，@人你帮帮她们吧，求你了，求……”

“孩子饿哭了，我、我、我去给她们送点吃的……”能能边说边从双肩包里拿东西。

“别逞能，不行、不行。第十一维度的事情，你们不能介入，我也是爱莫能助，介入了，就要犯规，会受到惩罚。”@人边说边缓慢飘移。

“娘呀，你醒一醒、醒一醒，睁开眼睛看看我、看看我……”一个四五岁的男孩哭着，跪在通顺桥前面的草地里，抚摸着一位奄奄一息、双眼紧闭的女人。

奄奄一息的女人吃力地睁开眼睛，看着哭泣的孩子，缓慢地伸出颤巍巍的手，摸了一下孩子的额头，吃力地张开嘴，吐着鲜血说：“儿，儿……”说着、说着，眼睛一瞪，断了气。

“娘……”孩子哭得如同泪人一样，边磕头边向路人寻求帮助埋了妈妈的尸体。

一位肩扛铁锹的中年人从通顺桥上走下来，安抚着孩子，伤感地说：“别哭了，我们去挖坑，把你娘埋了吧。孩子，以后跟着叔叔，有我吃的就有你吃的，咱们就是一家人了。走吧，走吧……”

“谢谢叔叔，谢谢叔叔。娘、娘，我与好心的叔叔把你埋在这里了，等儿安稳了、丰收了、有钱了，再接你回家、回家……”孩子边说边磕头，与中年人一起抬走了尸体，来到一处凹地前挖坑。

几个路人驻足在通顺桥上，看着抬走的尸体，显得很伤感，纷纷说："可怜呀！"

"我看不下去了，这个孩子的年龄估计与我差不多，失去了娘，以后的日子怎么活呀，没有想到'走西口'真的很无奈……"能能擦着眼角的泪水，哽咽着说。

慧慧不忍心看了，低头哭泣着说："世上最痛苦的事情就是骨肉离别，这让我想起了一首歌——有妈的孩子像块宝，没妈的孩子像根草。"

"噗"的一声，一位年迈的老人拄着树棍不小心摔在桥面的石板上，七窍流血，气绝身亡。

随行的年轻人跪在老人身边，哭喊："爹、爹，你醒醒。"

"起来吧，不行了，埋了吧、埋了吧，我帮你。"一位路人停下来，看着老人的尸体，劝说着年轻人。

"谢谢，埋在前面的乱坟岗子里吧。爹，对不住了，委屈你了。"年轻人边说边抱起老人的尸体，走下桥，向前面的乱坟岗子走去。

"呜嘎——"突然，从前面山谷里飞出一群秃鹫，怪叫着，飞落在乱坟岗子周围，瞪着血红的眼睛，扑腾着翅膀，好似恶魔一样。

"嘎吱——"一阵乌鸦叫声传来，一大群乌鸦从四面八方飞落在乱坟岗子周围，蹦跳着，瞪着即将埋入土里的尸体。

“秃鹫怎么来了，乌鸦也跟着添乱。这里没有信号，无法直播，我录像，回去直播，让我的铁粉们目睹一下这里的凄惨情景。”能能边说边用手机录像。

“嗨！这是自然规律，也没有办法。人死的瞬间会发出一股特殊的气味，秃鹫、乌鸦的鼻子对这种气味十分敏感，只要嗅到这种气味，就会飞奔而来，也是为了活下去。”@人边说边飘移着。

慧慧看着乱坟岗子附近的秃鹫，握紧拳头，愤愤地说：“原来是这样啊，我想未来不会发生这样的事情了，会好起来的。逝者安息，这是天道，秃鹫你们不能打扰他们了。”

能能边举着手机录像边说：“乌鸦、秃鹫会不会等活人离开了，用爪子、喙扒开土层呀，埋的太浅了，感觉有点不安全。”

慧慧伸手捂住能能的嘴，急促地说：“别往下说了，太残忍了。”

“嗷嗷——嗷嗷嗷——”一阵接一阵的野狗叫着从远处的灌木丛中窜出来，围在乱坟岗子周围，上蹿下跳，十分凶残、狂躁。

“走开，走开。”挖坟墓坑的人边喊边驱赶着乌鸦、秃鹫和野狗。

“天呀，野狗的眼睛都红了，看样子是饿极了。喂，你们埋深点、埋深点。”慧慧观察着乱坟岗子，边说边喊。

能能边录像边说：“这是人间悲剧，难以想象，乌鸦、秃鹫和野狗太疯狂了，准备与活人抢夺尸体呀！”

“扑哧哧——”一只野狗低头嗅着坟包，前爪捣刨一处较松软的坟头，不一会儿，土层散开，露出一只手、胳膊、脑袋……

“呼啦啦——”一阵杂乱的声音，一群野狗围拢过去，啃食着……

“嗷”的一声，一只野狗叼着一只人手，迅速跑开了，躲在犄角旮旯吞咽着。

“嗷”的一声，一只野狗叼着一只人脚，边回头看边跑，躲进草地里吞咽着。

不远处，几个挖墓坑的人表情严肃，显得有点惊慌，继续深挖。

“嗨！难道这就是自然规律吗？难以接受，我要是有猎枪就好了，把秃鹫、乌鸦和野狗统统吓跑。”慧慧边说边挥舞着拳头。

“家人们，看看，这就是那个年代的人，流离失所、背井离乡，最后可能落入野狗、秃鹫和乌鸦的嘴里，太悲惨了。”能能边录像边解说。

忽然，通顺桥上一阵骚乱，人们惊恐万分，纷纷闪在两旁，让开中间道路，七嘴八舌地说：“发生什么事了？”

“咔哒哒——”一匹枣红色战马从桥上疾驰而去，留下急促的马蹄声。骑在马上的士兵盔歪甲斜，满脸是汗，挥舞着令旗，连续高喊：“大将军紧急军情，800 里报急！大将军军令！800 里急报！”

“难道是边关出事了吗？嗨！有战争，最苦的还是百姓呀，活着太不容易了。”能能边说边拍摄视频，准备回去直播。

“这是要打仗了吗？别打仗了，安安稳稳地生活不行吗？为什么打来打去的呀？”慧慧看着疾驰而去的骑兵信使，心事重重地说。

“杀虎口关历来是兵家必争之地，战争连年不断，少有太平日子。”@ 人边说边飘移。

骑兵信使过去后，通顺桥恢复了平静。桥南头的小道上，一对年轻的夫妻依依不舍地分别，悲悲戚戚的样子天地为之落泪。

“我会回来，家里的老母亲靠你了。”丈夫一步三回头，边说边走上通顺桥面，用力跺脚，踩踏石板，两只脚印显现出来。

“哎呀呀、哎呀呀……夫君你放心走呀，婆姨在家等呀，家里的事你别管，冷暖君自知哟……深夜冷了，君要自己盖被窝呀，挣钱了早回屋呀、早回屋呀。婆姨等着你哟、孩子期盼你哟、老娘念叨着你哟……黄河断流无情水哟，君若有情心里有哟……”

桥南头的柱子边，一位年轻的媳妇哭唱着，倾诉衷肠。

桥面上，过往的路人听着悲凉的“家乡小调”，放缓脚步，边流泪边扭头朝家乡的方向观望。

“太感人了，太凄惨了，夫妻无奈离别。”慧慧红着眼睛说着。

能能边录像边说：“家人们，看看吧，这是一对年轻的夫妻，为了生活，只好暂时离别，很无奈，好感人。以前在电影里看见过，现在就在眼前。”

“嘿哟、嘿哟、嘿哟。”一个推着独轮车的老人走上通顺桥，轱辘卡在了石头缝隙里，几位好心的路人过来帮助推车，喊着号子，共同推出独轮车，各个累得汗流浃背、疲惫不堪。

“谢谢各位，谢谢各位。”推车老人停好独轮车，朝帮忙的各位拱手道谢。

一位老者背着一个箩筐，艰难地走上通顺桥，脚下一滑，身子一歪，人与箩筐一起摔下桥，七窍流血。

“不好了、不好了，又有人摔下去了。快去救人。”桥上，几位路人看见有人摔下桥，边喊边跑下去，抬着老者上岸。

老者没有任何反应，不一会儿，勉强睁开眼睛，头一歪，吐出舌头，双脚一蹬，眼睛凝固了，没有了呼吸，气绝身亡。

“不行了，死了、死了。嗨！这段日子，天天有人摔下桥，死了好几百个了。怎么办呢？老天爷呀，给我们有点活路吧，苍头河你为什么断流呀，下点雨吧！”几位路人摇晃着死去的老者，愤愤地说。

“连年大旱，苍头河断流，没有水、没有口粮，怎么活吗？我不活了……”一位妇女边说边纵身撞向桥头石柱上，脑浆迸裂，气绝身亡。

“天呀，这位大姐呀，你怎么寻死呢？再苦也要活着呀！”一位路人停下来，看着妇女尸体，悲伤地说。

“@ 人，你能不能帮助想个好办法呀？人们生活的太苦了。天这么旱，炎炎烈日，没有水。”能能边录像边看着撞死的妇女，冲斜上方飘移的 @ 人挥舞着手，着急地说。

“有好办法吗？@人，你经常进入第十一维度空间，肯定知道得多，更了解这里的情况，帮帮百姓吧，至少不要再饿死、渴死人了。”慧慧看着死去的妇女，伤心地说。

“呼啦啦——”一阵嘈杂声从桥上传来，所有的人跪在通顺桥上，朝天空作揖，连声祈祷：“老天爷、老天爷，给点雨吧。”

“@人，求你了，帮帮这些人吧。回北京以后，我带你吃烤鸭，北海公园里划船……”慧慧和能能一起朝@人说。

“好说！不过我可是不能直接帮忙哟！破坏了第十一维度空间与地球三维度空间固有的秩序可不是好事，会受到处罚的。我仔细想想，有了，办法就在眼前，就看你们二位的面子了。”@人缓慢飘移着，边闪动着眼睛边看着慧慧的兜，神秘地说。

“嘿哟哟！@人，你这是怎么说的呀。完全推给我们了，你当甩手掌柜了。我与能能是普通人，有什么好办法呀？@人，你这是不负责任，是故意难为我们，故意刁难我们。你看看桥上的人多惨呀！”慧慧看着桥上的人，冲@人着急地说。

“好吧！@人。既然你担心被处罚，我们不为难你了，我们自己做。一会儿，我跑过去，把包里的水、食物、药品都给他们。”能能边说边拿下双肩包，翻找东西。

“别找了，你们如果违反平行宇宙的规定，回不去了。我老龟表现一下，减少寿命 10 年，给他们下点雨。”神龟钻出慧慧的兜，快速长出翅膀，飞向空中，悬停在通顺桥上空，嘴一张，喷出无数水滴，快速落在通顺桥上。

“奇迹、奇迹。”慧慧边说边朝空中的神龟挥手。

“天呀，这是神话故事吗？奇迹就在眼前发生了，家人们，快看。”能能边说边认真录像。

“老天爷、老天爷……”桥上，所有跪着的人高兴地呼喊。之后，纷纷站起来，拿出牛皮囊、碗、葫芦接水，张开嘴喝水。

@ 人微笑着，幽默地说：“关键时候，还得老龟出手。”

“嘿哟哟！ @ 人，这是你的功劳，激发了神龟的勇气，谢谢你们二位。神龟真讲义气，有诚信、有担当。了不起。”慧慧边看着降雨的神龟边赞叹。

“哎呀呀！今天改变我的‘三观’了，太神了。谢谢神龟了，谢谢 @ 人了。”能能边说边注视着桥面。

不一会儿，神龟恢复原形，飞回慧慧的兜里，不吱声了。

“神龟，好样的，谢谢。回北京给你买小鱼吃。”慧慧轻轻拍打着衣兜，小声说。

能能边录像边说：“神龟，我给你买烤鸭吃。”

“好了，热心肠的慧慧、能能，时间到了，咱们快点走吧。刚刚又过去了 10 秒钟，还有 30 秒钟了。”@ 人缓慢朝前面飘移，微笑着说。

听着 @ 人的话，慧慧和能能笑了笑，转身加快脚步，跟着 @ 人朝前面走去。

知识储备库

1、烽火台的结构？

答：多为砖石结构，也有夯土结构。

2、烽火台的平面形状有几种？

答：有方形和圆形，以方形为主。

3、方形台边长一般是多少？

答：一般是10米左右。

4、圆形台直径一般是多少？

答：一般也为10米左右。

8. 救命草药汤

长城小知识

1、请说出1种古代守卫长城士兵使用的物件？

答：铁罄。

2、请说出1种古代守卫长城士兵使用的物件？

答：铁风铃。

3、请说出1种长城上的孔？

答：射孔。

4、请说出1种长城上的孔？

答：望孔。

“30 秒钟过去了，还有 30 秒钟。停下来，问问你们想看见什么呀？抓紧时间哟！”@ 人边说边停止飘移。

由于太兴奋了，俩人站住后，还在议论着刚才神龟降雨的事情。

“叽喳——”一阵叫声，一群麻雀叫着，落在慧慧、能能身边，寻找着食物。

“嘎嘎——”一阵叫声从山谷里传出，一群喜鹊叫着，飞出山谷，落在通顺桥上喝水。

“嘎吱吱——”山顶上空，突然飞出一群南飞的大雁，快乐地叫着，飞过通顺桥，进入关内。

“哧溜”，一只萌萌的土拨鼠钻出地洞，伸头左右看着，跳跃着，觅食着杂草里的食物。

“叽叽——”一阵怪叫声从洼地附近发出，一群刺猬钻出地洞。

神龟把头钻出慧慧的兜，急促地说：“嗨！时间宝贵，快点提出你们的要求，第十一维度空间里不可久留呀！你们不是一直想追溯历史吗？是不是可以看一看时间久远的情景呢？”

听了神龟的话，慧慧和能能打了个“寒颤”，逐渐缓过神来，四下寻找观察着。

“对！历史久远一些，战国时期这里有没有关呢？名字叫啥？”慧慧扭头看着关城，挥舞着手，冲着 @ 人说。

“今天的事情我一辈子也忘不了，‘走西口’、人狼大战、边贸交易、神龟降雨，我想看看更久远的情景，最好是战国时期的事情。”能能边说边扭头看着山顶沿线冒着狼烟的烽火台。

“瞧好吧！慧慧、能能今天让你们好好看看战国时期——赵武灵王与西域某部落的一场大战，这场大战与中草药有关系，你们想看吗？”@ 人边说边闪着眼睛。

慧慧眨眨眼睛，兴奋地说：“什么、什么，与中草药有关系，太好了，想看、想看。平时，我最推崇中医中药，中草药历史悠久，闻名于世，太激动了。”

能能举着手机录像，惊奇地说：“家人们，@ 人说中草药与古代赵武灵王在这里指挥的一场战争有关系，有点意思，想看。”

“咔嚓——”一阵胶片的转动声，无数人影与画面闪过。画面定格在公元前 302 年的战国时期。

“瞧瞧吧！这就是‘参合口’关，也就是现在的‘杀虎口关’，战国时期这里归赵武灵王管理，北方的几个游牧部落肆意侵入赵武灵王的领地，赵武灵王决心彻底消灭这几个部落，派出大将军驻扎在此。这是其中的一场战争，非常激烈、残酷。好好看看吧。”@ 人边说边飘移着，眼睛不时地朝关口看着，示意慧慧和能能朝前面看。

慧慧和能能顺着 @ 人看的方向看去，看到古怪的西域部落人攻击“参合口”关门。

“参合口”关门的防御工事上，赵武灵王的士兵一个接一个地躺在垛口下面，全身抽搐，扔掉了兵器，失去了战斗力。

一名士兵在一处高 20 米的木制楼子上站岗放哨，观察远处进攻的西域部落人，突然，全身开始发抖，站立不稳，眼前一黑，摔了下来，气绝身亡。

一名伙夫提着两桶饭，正往“参合口”的前沿工事里送饭。刚一上台阶，突然全身哆嗦、双腿发软，“扑通”一声，摔倒在地，再也没有爬起来。

射箭孔里，数十名赵武灵王的弓箭手，趴在瞄准的位置上，全身哆嗦，不能控制弓了，失去了战斗力。

“参合口”关内的中军大帐里，一些大臣躺在地上，全身哆嗦，不停地呻吟：“哎哟、哎哟……”

一个赵武灵王的士兵摇摇晃晃地跑进大帐，着急地说：“报、报、报——大将军，不好了！‘参合口’关城上的士兵全都病倒了，全身哆嗦，根本打不了仗了。瘟疫来了、瘟疫来了。”说完，报信士兵全身开始哆嗦，“扑通”一声，摔倒在地，昏迷过去了。

一位侍女慌慌张张地跑进来，着急地说：“将军，不好了！夫人、大小姐、二小姐全身抽搐，病得很严重。”说完，刚要转身出门，侍女全身开始哆嗦，“扑通”一声摔倒在地，也昏迷过去了。

大将军仰望帐外的天空，悲情地祈祷着，高喊：“怎么回事？是不是上天在惩罚我们赵国人呢？大王、大王，你们快点显灵吧！保佑我们赵国军队逃过这一劫数吧！”

一个偏将抬起头，小声地说：“大将军，我有一个办法。请允许我近身说话。”

听完偏将的话，大元帅不住地点头，高兴地说：“哦，允许你近身说话。”

偏将走到大将军身边，耳语了很长时间。大将军不住地点头，表情也轻松了许多。而后，大将军转身，严肃地说：“快去准备，立刻来报。”

偏将看着大将军，高声说：“是！”说完，他转身，急速跑出大门。

“参合口”关外，西域部落人的军队继续进攻，百里帐篷遮天蔽日，黑压压的一片。

部落王眼睛睁大，挥舞着马鞭子，怒火冲天，大声喊叫：“赵国人最愚蠢，他们绝对不是我们的对手，今晚一定要攻打进去，里面有粮食、金银财宝、美女，赵国是我们的。天神呀！一定要助我一臂之力，助我呀！我的士兵们，赶快冲上去，抢‘参合口’关城里的金子、银子、珍珠、玛瑙、美女和粮食吧！”

听完部落王的喊声，士兵们士气高涨，集合队伍，继续朝“参合口”关进攻，同时齐声呼喊：“抢金子、银子、珍珠、玛瑙、美女和粮食。”

“参合口”关内的观望台上，无数文官武将站在上面，一个只有几岁的男孩儿和一个只有几岁的女孩儿跪在一块大石头雕制的神像前，中间放着一个三脚青铜香炉。两个孩子哇哇大哭，惊恐万分，尿湿了裤子。两个刽子手举着明亮的大砍刀，凶恶地盯着孩子，吓唬两个孩子，高声喊：“不许哭！”

一个偏将走下观望台，跑下台阶，直奔中军大帐，扭头对刽子手说：“我去禀告大将军，你们看好孩子。”

中军大帐内，大将军来回走步，显得很焦急。

偏将急匆匆地跑进门，大声说：“大将军，一切准备就绪，请您主持开祭大典。”

大将军听完偏将的报告，高兴地说：“都随我来，上观望台。”说完，大将军快步走出中军大帐，上了台阶，来到观望台前。

文官、武将也随大将军一起来到了观望台。

慧慧和能能看到观望台上的童男童女，看着刽子手凶狠的样子，吃了一惊。慧慧心说：他们准备干什么呢？是不是准备祭天呢？太残忍了。

“这么残忍，不行。”能能举着智能手机边录像边说。

一个偏将看着观望台上的童男童女，高声喊：“祭奠天神开始，请大将军发布命令。”

能能看着慧慧，悄悄地问：“他们在干什么呢？是不是要杀那两个孩子呀？没有想到，战国时期赵武灵王的大将军这么残忍呀！”

慧慧看着观望台上的童男童女，悄悄地说：“我在一本书上看过，这是最古老的祭天仪式，是祈求神灵保佑平安的。”

“他们太愚昧无知了，哪有神仙呢？怎么能用活人祭奠呢？这简直太残暴了。我们要想法子救两个无辜的孩子。”能能瞪起眼睛，着急地说。

慧慧点头同意能能的主意，小声说：“好！我们请神龟帮忙，吓唬他们一下。@人你同意吗？”

“我保持中立，不阻止你们营救两个孩子，就是对你们最大的帮助。”@人边说边眨眼。

神龟把头伸出慧慧的兜，冲慧慧二点头，急促地说：“我愿意减寿100年，也要救孩子。”

大将军点燃了三支香，插在香炉上。双手合十，位于前胸中央位置，冲南方连续鞠躬三次，再面朝石头雕制的神像磕头祈求，大声说：“伟大的天神，伟大的赵武灵王，我们赵国遭受了西域部落入侵，现在战斗正在激烈进行中，瘟疫又找上门来。为了消除瘟疫，表示我们对神灵的真心，今用童男童女祭奠。万能的神灵啊，给我们驱除病魔的法宝吧。开始！”

大将军的话音刚落，刽子手凶狠地挥舞手中的大刀，雪亮的大刀眼看就要砍到孩子的脖子上了。

慧慧看着刽子手手中的大刀，焦急地说：“神龟快出手！”

能能看着童男童女，内心很紧张，心脏几乎跳了起来，举着智能手机边录像边小声说：“神龟快点、快点。”

神龟伸出头，张开嘴，朝石头雕制的神像吹了一口气，而后小声嘀咕说：“知道了！”

突然，石头雕制的神像高速旋转起来，把两个刽子手手中的大刀碰飞了，接着又稳稳地坐在了原处。石头雕制的神像张开口，大声说：“不要杀孩子，不要祭奠我，这是一场简单的瘟疫，很快就会过去，会有人来帮助你们的，难道你们赵国的大将军也这么愚蠢吗？快点放了孩子。”

听着石头雕制的神像的话，大将军、文官武将都惊呆了，刽子手很害怕，惊出了一身冷汗，所有人立刻下跪、磕头，向神祈祷，虔诚地说：“老天爷显灵了、显灵了。”

大将军命令侍女跑上观望台，把绑着的童男童女解救下来，带回营房，送还给孩子的妈妈。

两个孩子看着侍女，立刻不哭了，笑着与侍女嬉戏起来。

石像眨眨眼，看着大将军，一字一句地说：“大将军，不要害怕，这是‘打摆子’病，我知道怎么对付这场瘟疫。”

听完石像的话，大将军站起来，急切地问：“什么是‘打摆子’病？我们的神，不、不，我应该尊称您——荣誉大将军，请您快快讲出来，我们马上照办。”

石像转动眼睛，环视着四周，眼睛一亮，胸有成竹地说：“赵国的大将军请看！山下河边一百多棵柳树，派人赶快把 10 棵柳树砍下来，要树皮、树根子和树叶，架好 10

口大锅，烧满开水，把树皮、树根子和树叶放入大锅里煮20分钟，让所有人喝一大碗。瘟疫就能消除了。”

“真的吗？谢谢、谢谢我的荣誉大将军。”大将军边说边看着河边的柳树。

石像眨眨眼，看着草地上一种植物，大声说：“大将军等一等，这种植物是生姜，它能生发、解毒。生姜是寻常百姓家的宝药。请您吩咐人把‘生姜’挖出来，分成10份，放入10口大锅中，一定能消除瘟疫，保证你的士兵、‘参合口’关城里百姓健健康康。”

大将军看着草地上的植物，吃惊地说：“啊！生姜、生姜，原来是宝药啊！好、好，我马上吩咐人去办。”说完，大将军叫来偏将，按照石像说的去做。

几十个身体健康的赵武灵王的士兵迅速去砍树、扒树皮、采摘树叶、砍树根，而后清洗干净，分成10份，放进10口大锅里煮。

几个士兵拿着铁锹小心翼翼把生姜挖出来，而后分成10份，倒进刚才的10口大锅里。

“咕咚咚——”10口大锅沸腾着，冒着气泡，散发出一种怪怪的草药味。

石像看着大锅、看着大将军，大声说：“好了，可以喝了！”

大将军看着石像，高声喊：“开始喝神汤了。”喊完，大将军一挥手，士兵们排着长队，一个接一个地喝神汤。一些身体好的士兵把神汤送到病倒的士兵面前，帮助生病的士兵喝下去。

大将军与大臣们也端起碗喝下神汤。几个身体好的侍女把神汤送进后营，给生病的夫人和小姐们喝下。

不一会儿，奇迹发生了，所有病倒的士兵，都恢复了健康，各个精神十足，拿起武器进入了防御工事随时准备战斗。

西域部落人首领看着“参合口”关城上的士兵个个精神抖擞、威武雄壮，倒吸了一口凉气，惊恐地说：“这是吃了什么东西，难道喝了鸡血吗？鸣金收兵！”

“叮叮叮——”一阵清脆的锣声传遍了关门外战场，一个士兵骑着快马，敲响了退兵的锣。

“哗啦啦——”攻城的人马潮水般地撤了下去，消失在山谷远端。

关城外，留下无数尸体，惨状极其血腥，无法用语言描述。

关城内的后营驻地，夫人和小姐们也恢复了健康，来到观望台，与大将军相聚。夫人扑在大将军的怀里，哭泣起来，轻声说：“夫君，我以为这辈子再也见不到你了呢！”

大将军抱着夫人，含着眼泪，大声说：“多亏了石像神仙，太神奇了，我们的荣誉大将军，你真是救苦救难的神仙呀！”说完，大将军带头跪在石像面前，连续磕头。

磕头后，夫人站起来，看着石像，高兴地说：“感谢石像神仙了，我们赵国军队里能有你们这样的荣誉大将军，是上天恩赐给我们的福气。你太神奇了、太慈悲了。”

大将军看着石像，疑惑地问：“石像神仙，这场瘟疫究竟是什么病呢？”

石像转动眼睛，认真地说：“这是瘟疫、瘟疫，是一种传染病，是通过呼吸道传播的疾病。我认识神农氏，他知道这种病，他说过治疗这种疾病的简单办法——用柳树皮、树根和叶子煮水，能防治这种病，如果加入生姜，更能增加疗效。再见了，保佑你们凭借‘参合口’关抵御来犯者，保佑关内百姓安居乐业，享受太平。最后告诫你们，不能用人来祭奠。柳树与生姜的全身都是宝，都是廉价与珍贵的平民草药，切记、切记。”说完，石像化成一股青云，消失在空中。

“遵命、遵命！谢谢石像神仙！柳树与生姜是草药、草药。”大将军跪在地上，朝空中作揖。

不一会儿，神龟钻出慧慧的兜，悄悄地伸出头，冲慧慧、能能和@人三点头，轻声说：“我的计策如何呢？”

慧慧抚摸着神龟的脖子，温和地说：“天呀，太精彩了，我的神龟不简单呀，灵活机智，骗过了大将军，出乎我的意料，我简直对你佩服得五体投地。”

“我以为是幻觉呢？没有想到这是神龟的杰作，改变了我的‘三观’，我回去写一本小说《神出鬼没的神龟》，一定畅销，震惊全世界，人们都会来‘杀虎口’关探寻万里长城的秘密，寻找草药——柳树和生姜。”

“好了、好了，这对于老龟来说是家常便饭、小菜一碟、举‘足’之劳，咱们该转场了。不过我还要谢谢老龟，减寿100年，敬佩、敬佩。”@人边说边向前方飘移。

神龟摇晃着头，美滋滋地说：“我不骄傲，我与大将军闹着玩呢。快转场吧，耽误了时间，咱们回不到真正的地球可视空间了。”

“跟上我，想想看什么？”@人边说边移动。

9. 见证了孤军奋战 8 个月

长城小知识

1、请说出 1 种长城上的孔？

答：雷石孔。

2、请说出 1 种长城上的口？

答：垛口。

3、请说出 1 种长城上的特殊的墙？

答：障墙。

4、请说出 1 种长城上的特殊的沟？

答：排水沟。

听着 @ 人的话，慧慧和能能笑了笑，转身加快脚步，跟着 @ 人朝前面走去。

“40 秒钟过去了，还有 20 秒钟。停下来，你们想看什么呀？抓紧时间哟！”@ 人边说边停止飘移。

由于太兴奋了，俩人站住后，还在议论着刚才神龟变成石像的事情。

“叽喳——”一阵叫声，一群喜鹊叫着，落在慧慧、能能身边，寻找着食物。

“嘎啦——”一阵叫声从山谷里传出，一群野鸽子叫着，飞出山谷，落在“参合口”关城外。

“嘎吱吱——”山顶上空，突然飞来一群南飞的大雁，快乐地叫着，缓缓地飞过“参合口”。

“哧溜”一只萌萌的土拨鼠钻出地洞，伸头左右看着，跳跃着，觅食着杂草里的食物。

“叽叽——”一阵怪叫声从洼地附近发出，一群刺猬钻出地洞。

神龟把头钻出慧慧的兜，急促地说：“嗨！时间宝贵，快点提出你们的要求，第十一维度空间里不可久留呀！你们想不想亲眼看看发生在这里的一场最持久、最残酷的保卫战呢？”

听了神龟的话，慧慧和能能打了个“寒颤”，逐渐缓过神来，四下寻找观察着。

“对！我想了解这里发生的最持久、最残酷的保卫战。”慧慧扭头看着关城，挥舞着手，冲着 @ 人说。

“今天神龟表现的最好，石像的眼睛能动，表演的形象逼真，我算是服了、服了。@ 人，辛苦你了，我想看最持久的保卫战。”能能兴奋地说。

“瞧好吧！慧慧、能能今天让你们好好看看明朝嘉靖三十六年（公元 1557 年）——明朝守军与西域军队的一场大战，这场大战长达 8 个月之久，明军守卫‘杀胡口’关的军队在无援的情况下，孤军奋战，全城民众皆为兵，个个上阵，坚守城池，从 1557 年 9 月一直持续到 1558 年的 4 月，守将战死，城内几乎断了粮食，可以充饥的马、牛等牲畜也被吃光了，危急时刻，明朝皇帝派出的援兵及时赶到，击退了攻城的蒙古兵。”@ 人边说边闪着眼睛。

慧慧眨眨眼睛，着急地说：“太悲壮了，守了 8 个月，这也太少见了吧，经典之战。”

能能举着手机录像，加重语气说：“家人们，@ 人引领我们去看明朝嘉靖年间的一场最持久的保城战。”

“咔嚓——”一阵胶片的转动声，无数人影与画面闪过。画面定格在公元 1557 年的明朝嘉靖年间。

“瞧瞧吧！这就是‘杀胡口’关保卫战，也就是现在的‘杀虎口’关，看战斗进行中。”

“杀胡口”关城后面的中军大帐内，明朝守城将军站在地图前，表情严肃，身后一群全身伤痕累累的副将眉头紧锁，怒目圆睁。

“看来，最后决战的时候快到了，军人就要战死沙场，马革裹尸。”将军看着地图，边说边抽出宝剑，插向地图上的“杀胡口”关上。

副将们情绪激昂，异口同声地喊：“誓死守卫‘杀胡口’。”

一名穿着铁甲胄的明军士兵奔跑着，闯进了中军大帐，高声喊：“报——将军，‘杀胡口’关城外情况紧急。有一支偷袭的小分队兵突然爬上城墙，被守城的士兵击退了。到目前为止，西域军队总共进攻 122 次了，我们拼死抵抗，击退了敌军。敌人死伤数千人，战马死伤无数，尸体与关城的墙差不多高了。我们也战死几百人。敌军攻击了两百多天，虽然未能攻进关城，但长此下去我们也难以抵挡，他们现在开始修建秘密武器——移动‘木井架’了。”

听了士兵的报告，将军眼睛睁大，深沉地说：“走！随我去关城看战况，传令下去，所有能打仗的人全部上关城，不得后退，后退者死。”说着，将军挥舞宝剑，带头跑出门，登上了关城瞭望台，向城关城外望去，惨烈的肉搏战进行中。

“杀胡口”关城下，西域军队的士兵高声吆喝着，士兵们手拿着盾牌、弯刀、长矛，并肩前进，一浪高过一浪地冲击着。西域军队的弓箭手一排一排跪在地上，准确瞄准关城上的明军守城士兵。

西域军队指挥官一声令下，数万支箭飞出，黑压压的一片，把天空的太阳都遮蔽了，关城上的明军守城士兵被射杀无数。中箭的明军士兵，凄惨地叫着，纷纷坠落关城，气绝身亡。

一拨又一拨的西域士兵，抬着几十米长的云梯，在战鼓的鼓舞下，冒着如雨的飞箭，冲向关城。

关城上的明军士兵用石头砸，用大锅开水往下浇，用弓箭射，用大刀砍，用长矛刺，用火枪、火炮射，把西域士兵打得落花流水，尸体一层一层地堆在关城下，血流成河。

关城处的一处安全地域，几十名西域士兵修建巨大的移动“木井架”，名曰——移动城堡。周围的树桩子上，吊着十多具明军守城士兵的尸体。

一个西域军官发现抬木头的士兵走路慢了一点，高喊：“浑蛋，竟然敢偷懒，看你敢不敢再偷懒。元帅有令，今天必须攻入‘杀胡口’，谁要是再偷懒，下场就跟他一样，挨鞭子！”喊完，军官挥鞭抽打着干活的士兵。

移动“木井架”好似一架战车，高度大约是 20 米，基本与关城的高度等高。西域士兵们忙碌着，快速架高，快速推向关城城墙。

几十个西域士兵穿着金属甲胄，拿着弯刀，从“木井架”顶部向关城里冲杀。一群明军士兵拿着刀、剑冲上去，站在城墙与“木井架”之间的位置拼命抵抗。

一阵混战，刀光剑影，血肉横飞，双方士兵纷纷坠下关墙。

又一大群西域士兵拿着兵器，从“木井架”下面快速登上来，向关城发起攻击。又是一阵混战，结果双方士兵伤亡惨重，纷纷坠落。

突然，“木井架”下战鼓震天，把守城的明军士兵的耳朵都震聋了，听不见了。

“哇——哇——”天空中几百只苍鹰盘旋着，一起发出凄惨的哀叫声。

“木井架”下面，几百个穿着金甲的西域敢死士兵怪叫着，奋力冲上“木井架”顶部，跳上关城城墙，与明军守城士兵进行白刃格斗。

城墙上，很多明军士兵被西域敢死士兵砍去了头颅，余下的士兵眼看就要支撑不住了，几十个勇敢的明军士兵抱住西域敢死士兵一起滚下 20 米高的城墙，同归于尽。

一位明军士兵拎着冒着黑烟的黑色黏稠液体，从关城内侧的工事里站起来，奋力向西域敢死士兵泼去。

冒着黑烟的黑色黏稠液体泼在西域敢死士兵身上、脸上……士兵惨叫着从 20 米高的“木井架”上坠落下去，摔在锋利的木桩上，肚子被穿透了，惨不忍睹。

西域敢死士兵借着“木井架”迅速跳上城墙，怪叫着，挥舞着兵器继续冲杀，疯狂地乱砍着明军守城士兵。

看着惨烈的格斗场面，将军挥舞宝剑，大喊：“勇敢的士兵们，杀退他们、杀退他们，咱们的援军就要到了。”

“嗖”的一声，一名西域士兵朝着冲过来的将军射出一支雕翎箭，将军中箭身亡。其余副将前仆后继，纷纷冲上关城，投入了战斗。

慧慧不忍心多看惨烈的战斗场面，着急地说：“@ 人，能不能帮帮明军士兵呀？千万要保住城池呀！”

能能边用智能手机录像边说："太激烈了，看来冷兵器时代的战争残酷程度难以想象，赶快制止、制止，求你了@人。"

@人不慌不忙，缓慢飘移，一字一句地说："这是定数，不能介入。看仔细了，记住这段历史。"

慧慧伸手拿出神龟，轻声说："神龟，你说怎么办呢？城池不能就这么毁掉了呀！军民不能被涂炭呀！"

能能立刻转身，用手机对准神龟录像，严肃地说："家人们，下面神龟有话说。神龟，请对着铁粉们说句话，谢谢。"

神龟点点头，眼睛一瞪，高声说："不要着急，我有办法。我宁愿再减寿 100 年，也要帮保住城池。"

@人、慧慧和能能瞪大眼睛，奇怪地看着神龟，异口同声地问："你这么小，能有什么办法？"

慧慧举着神龟，充满信心地说："关键时候还是需要神龟，谢谢，我爱你。"

能能边录像边说："家人们好，神龟要出马了，最紧张的时刻马上就要开始了，请看好，不能错过哟！"

@人飘移着，看着神龟，一字一句地说："神龟，你太仗义了，我相信你的智慧和勇敢。"

神龟眨眨眼，大声说："我宁可减少寿命 100 年，也要让‘木井架’退后100里。大家请闭眼！”说完，神龟冲向天空，化成一道黑光，消失了。

@人、慧慧和能能急忙闭眼，高声呼喊：“神龟，安全返回。”

“呜——”突然“杀胡口”周围狂风大作，电闪雷鸣，飞沙走石，遮天蔽日，天空漆黑一片。战鼓声消失了，喊杀声消失了，战马嘶鸣声消失了，惨痛呻吟声也消失了。

“木井架”被一股黑风包围着，黑风开始高速旋转，“木井架”也跟着高速旋转起来。“木井架”与黑风越转越快，最后“木井架”竟然离开地面，腾空而起，向北迅速移动。

“杀胡口”城门外，正在督战的西域军队元帅被狂风一吹，睁不开眼睛，他用双手护着眼睛，用力朝天上看，看到一只龟驮着“木井架”在空中向北飞行，惊恐起来，大喊：“天呀，‘木井架’，我的‘木井架’。”

不一会儿，风平浪静，天空一片蔚蓝，万里无云，战场也出奇得安静。

“杀胡口”关城下的“木井架”消失得无影无踪了。十多具吊在木桩上的明军尸体也不见了。

西域军队元帅睁开眼睛，惊慌失措，到处寻找“木井架”，声嘶力竭地喊：“‘木井架’哪里去了？‘木井架’哪里去了？‘木井架’。”

神龟已经钻进慧慧的兜里，大声说：“睁眼！”

@ 人、慧慧和能能赶快睁眼，向“木井架”处看去，什么也没有了，只留下几道车痕。

守城的明军士兵莫名其妙，高声欢呼：“太神奇了！太神奇了！‘杀胡口’有救了，城池有救了！战斗到底、战斗到底。”

慧慧把手伸进兜里，抚摸着神龟，含着眼泪说：“神龟，你真伟大，减少自己的寿命 100 年，解救了‘杀胡口’的士兵与百姓。你太善良了，我给你点赞！”

能能举着手机录像，激动地说：“家人们，这就是神龟，咱们一起给神龟点赞！”

神龟把头伸出兜，一字一句地说：“只要是为了救助生灵，我愿意减少寿命，甚至牺牲生命也在所不惜，这是我们龟家族一贯的传统美德。好了，时间差不多了，你们还是快点商量最后一个镜头看什么吧。3 天后，西域军队可能还要发起新的进攻。我估计这回可能有骆驼参战呢，你们想看，就让 @ 人帮忙。战斗最后，明朝皇帝派出的救兵也赶到了，西域军队溃退大漠之中。”

听了神龟的话，慧慧吃了一惊，着急地说：“骆驼参战？快，我们想看、想看。”说完，她挥舞着手，示意 @ 人帮助。

知识储备库

1、什么是烽火传递系统？

答：烽火传递系统是指戍边士兵用以报警而建筑烽火台，用于燃烟火传递军事信息的系统。

2、烽火台的名称都有什么呢？

答：有烽火台、烟墩、烟台、狼烟台等。

3、白天是放火还是燃烟呢？

答：白天燃烟。

4、夜间是放火还是燃烟呢？

答：夜间放火。

10.“火牛”阵大破骆驼阵

长城小知识

1、请说出1种长城上的嘴？

答：吐水嘴。

2、请说出1种长城上的道？

答：马道。

3、请说出1种长城上的城？

答：瓮城。

4、请说出1种长城上的水门？

答：九门口泄洪水门。

“50 秒钟过去了，还有 10 秒钟。我满足你们的要求，抓紧时间哟！”@ 人边说边停止飘移。

“咔嚓——”一阵胶片的转动声，无数人影与画面闪过。画面定格在 3 天后的“杀胡口”关前。

“瞧瞧吧！这就是‘杀胡口’关保卫战的最后一战，战斗在进行中。”@ 人边说边飘移。

慧慧急忙朝“杀胡口”关城看，疑惑地问：“怎么这么安静呢？”

能能举着智能手机边录像边说：“家人们，见证最后奇迹的时候到了，别离开，耐心等待，马上开始了。”

神龟把头伸出慧慧的兜，转动眼睛，看着“杀胡口”关城，一字一句地说：“太残酷了，战争太残酷了。”

关城外，西域的士兵们东倒西歪地躺在帐篷周围休息，毡子帐篷、牦牛皮帐篷、羊皮帐篷、野草帐篷，连绵数百里，一个挨一个，十分拥挤。

西域军队的元帅骑着高头大马，指着“杀胡口”关，高喊：“吃饱饭，准备继续进攻。野骆驼队准备出战，踏平‘杀胡口’关。”

伙夫在一片空地上准备柴草，架起大铁锅，点火开始烧饭。

“呼啦啦——”几千峰高大威猛的骆驼披着铠甲、头上戴着铁帽子，在西域士兵的引领下，浩浩荡荡从远处走来。

一个身穿铠甲、十分威武的军官走到西域元帅面前下跪道：“元帅，野骆驼战队奉您之命，前来参战，听您指挥。”

元帅挥舞着宝剑，冲“杀胡口”关城一指，高喊：“步兵、骑兵吃饭、休息，勇敢的骆驼战队向‘杀胡口’关城进攻！”

“咚咚——”几十名西域士兵全力敲打战鼓，震耳的战鼓声立刻响彻起来。他们挥舞着旌旗，战场上立刻充满杀机。

“冲啊——”随着元帅的一声令下，几千峰骆驼和几千名身穿铠甲的西域士兵疯狂地朝关城发起攻击。

最前面一辆“冲击矛”由左右四头骆驼拉着，撞向“杀胡口”关城大门，“扑哧”一声，门被撞开了一个大口子，无数西域士兵弓箭手躲避在骆驼身后，朝关城上射箭。

双方在关城大门口、城墙上展开了殊死搏斗。

明军士兵一批一批地被箭射中，坠落在城墙下。

大门内，一拨又一拨守卫的明军士兵挥舞刀枪，阻截闯入的骆驼，不幸被骆驼冲撞，踩死在千斤重的骆驼蹄下，发出凄惨的叫声。

疯狂的骆驼冒着明军士兵的飞箭和火枪喷出的铁砂，不顾一切，前仆后继地冲向关城大门。

城墙上面的明军士兵，拼命举起石头往下砸，十几峰骆驼的头被砸开了花。

城墙下血流成河，尸横遍地。人踩人，骆驼撞骆驼，鬼哭狼嚎的声音此起彼伏，骆驼战队终于抵挡不住了，溃败下来，退回到离关城不远的步兵帐篷前，调整部署，准备发起第二次攻击。

关城内的中军大帐内，新推举的将军和副将们商讨着退敌对策。一名士兵飞跑进来，跪在将军面前，高喊：“关城上的瞭望哨发现，西域士兵准备使用几千峰骆驼向我们发起第二次进攻，我们快坚持不住了。怎么办？”

听完士兵报告，将军焦急地看着大家，大声问：“怎么办？拼了，与城池共存亡，把最后的火药、最后的 5 头耕牛牵出来。”说着，将军走出门，登上一个关城的最高处——观望台。

几位全身带伤的副将也随将军一起来到了观望台，向关城外西域军队的骆驼战队集结的地方瞭望。

刚刚溃败下去的骆驼战队在“杀胡口”关城外 500 米的步兵帐篷前，正在重新调整部署准备发起新一轮攻击。骆驼身上的毛很长，身上还盖着厚厚的羊毛毡子。

将军看着骆驼战队，悲壮地说：“西域军队的骆驼战队可能要以死相拼了，看来‘杀胡口’关城难保了。不过也别悲观，我想起来一个退敌的办法——火攻。立刻安排人去把最后的火药制成药捻子，把 5 头牛的尾巴上绑上这些东西，咱们来一个火闯骆驼阵，以兽对兽。保证让西域人的骆驼战队有来无回。”

听了将军的话，副将与士兵眼前一亮，欢呼：“好计策，誓死保卫城池。”

神龟把头伸出慧慧的兜，一字一句地说：“好主意！”

一听要火攻，能能立刻来了兴趣，举着智能手机，兴致勃勃地说：“铁粉们，这个办法好，神龟也同意了。”

明军士兵按照将军的要求，把 5 头牛的尾巴上绑好了浸了油的毛毡子、火药捻子，而后把 5 头牛赶到了关城大门里面，等待出击命令。

“这个将军有勇有谋，不简单！给你点赞。”慧慧边说边朝关城上竖起大拇指。

西域军队元帅挥舞宝剑，鼓舞着士兵的士气，大喊：“我勇敢的骆驼战队，向‘杀胡口’关攻击，杀死他们。”

“咚咚——”几名西域士兵全力敲打战鼓，震耳的战鼓声立刻响彻起来了。

“呼啦啦——”几十名西域士兵挥舞旌旗，战场上立刻充满了杀机。

“冲啊——”随着元帅的一声令下，几千峰骆驼和几千名身穿铠甲的西域士兵疯狂地朝“杀胡口”关城发起更猛烈的进攻。

400 米、300 米、200 米、100 米、80 米、60 米、40 米……眼看西域人的骆驼战队就要冲到“杀胡口”关的大门了。

站在观望台上的明朝士兵观察着几千峰骆驼的动向，冲城门内侧的士兵们高喊：“开始火烧敌阵！”

明军指挥官看着渐渐走近的骆驼战队，大喊：“开始反击！”

“嘎吱——”“杀胡口”关城大门被明军士兵开启，士兵们迅速点燃了拴在牛尾巴上的燃烧物。

“噼啪——”随着阵阵响声，受到惊吓的牛向着西域人的骆驼战队狂奔而去。

5 头牛的尾巴燃烧着，在西域人的骆驼战队中乱闯乱跑，跑到哪里，火烧到哪里。很快，西域人的几千峰骆驼也被烧着了，骆驼和士兵乱作一团，互相踩踏，死伤无数。数千峰骆驼纷纷掉头，与明军的 5 头牛一起朝着西域的步兵营地——帐篷群狂奔而去。

骆驼和牛全身烧着，变成了数千个火球，一起冲入连绵百里的帐篷中。数万顶毡子帐篷迅速燃烧起来，一片火海，映红了天空。西域士兵个个鬼哭狼嚎，在火海中奔跑，接连葬身火海。全身是火的骆驼，跌跌撞撞地被烧死在帐篷旁边。马棚里的战马，没有来得及挣脱缰绳，活活被大火吞没了。

“轰隆——”大火引燃了西域人的火药库，引起剧烈爆炸，巨大的火球腾空而起。

西域军队元帅看着万里火海，吓得赶快上马，在卫兵的保护下，仓皇向北逃窜，同时惊恐地喊：“快撤！快撤。”

“杀胡口”关城的观望台上，将士们看着西域人退败的骆驼战队，看着一片火海的西域人的百里帐篷，看着溃逃的西域元帅和士兵，欢呼雀跃起来。

忽然，沿线山脊上的烽火台浓烟滚滚，无数战马奔跑着，不一会儿到达了“杀胡口”关城，停了下来，列好战队，压住阵脚。

一位骑兵举着帅旗，飞驰入城，高喊：“奉皇帝之命，兵部尚书率领援兵来了、来了，守将接圣谕、接圣谕。”

“杀胡口”关城上下的官兵纷纷下跪，呼喊：“皇上万岁、万岁、万万岁。”

关城上的将军满身是血，率领士兵跑过去，跪在援兵的阵队前，大声说：“接圣谕！给兵部尚书见礼。”

威风凛凛的兵部尚书下了战马，高喊：“传皇上圣谕，赐守将尚方宝剑，封右玉总兵。这把尚方宝剑内有女娲娘娘的七彩补天石，皇帝知道‘杀胡口’关地理位置极其重要，特命臣赐予此关，保万世太平。”说完，恭恭敬敬地从一个盒子里拿出一把闪着七色光的宝剑，交给了守将。

守将连续磕头，高呼：“谢皇上，臣万死不辞，永保‘杀胡口’关太平。容属下把尚方宝剑供在中军大帐内，精心保护。之后，详细汇报军情。”说完，他接过尚方宝剑，转身离去，放入中军大帐内。

知识储备库

1、《塞上烽火品约》规定了什么呢？

答：它规定了不同时间、来犯敌人的不同人数、白天夜晚等情况下的不同而进行的不同举烽要求。

2、《塞上烽火品约》是什么册子呢？

答：是汉代烽遂系统方面具有代表性的示警联防条令。

3、请说出一种烽火的材料？

答：芦苇。

4、明军对烟火的使用有法令吗？

答：有。

11. 从尚方宝剑里找到的补天石

长城小知识

1、请说出1种长城上的台？

答：烽火台。

2、请说出1种长城上的水门？

答：北京曹家路五虎水门。

3、世界十大奇迹里有没有万里长城呢？

答：有。

4、万里长城哪一年被国务院公布为第一批重点文物保护单位呢？

答：1961年。

“@ 人，太巧了。踏破铁鞋无觅处，得来全不费工夫，原来女娲娘娘的七彩补天石在尚方宝剑内封存着，今天中午 12 点，地球有劫难，需要女娲娘娘的七彩补天石，我们能不能跟他们说明情况，借用一下呢？”慧慧看着走出中军大帐的总兵，面带喜悦，仰头小声对 @ 人说。

“是呀！机会难得，我们过去借用一下。@ 人，我们能不能过去呢？”能能看着中军大帐外的守卫，仰头冲 @ 人说。

“借是不可能的，他们不会给的，你们会招致杀身之祸。这样吧，我喜欢诗歌，你们给我背诵 8 首诗，我就帮你们。”@ 人边说边飘移。

能能举着智能手机边录像边说：“家人们，怎么办呢？我们这次来到‘杀虎口’长城的最大临时任务就是寻找女娲娘娘的七彩补天石，没有机会了，只有这一次。@ 人，求你了。别为难我们了，背诵什么诗呀，我的铁粉都看着你呢？给个面子吗？义务帮帮忙不可以吗？哪怕是‘借’出来也可以呀，必须保护地球。”

@人飘移着，眨眨眼说：“帮忙没有问题，背诵诗词也是必需的，等价交换吧。”

“诗词我不灵，还是请慧慧出马吧。”能能做了一个鬼脸，边录像边说。

慧慧朝@人挥舞着手，认真地说：“好说、好说，8首诗词，尊敬的@人，你要说话算话，如果你满意了，必须帮我们拿到七彩补天石。”

“好说、好说！开始吧。”@人边说边眨眼。

慧慧深呼一口气，开始朗诵：“第一首——；第二首——”

能能边录像边说：“铁粉们，听听慧慧的诗词……”

“今天我满足了，拿到女娲娘娘的七彩补天石小意思，简单得很，简单得很。我给你穿好隐身包装膜，你们可以看见别人，别人看不见你们。哨兵形同虚设，你们大摇大摆地进入中军大帐内。”@人边说边张嘴，连续对准慧慧和能能吹气。

“唰啦”“唰啦”两声，两股无色膜逐渐把慧慧和能能包裹起来，看上去没有什么异样。

“你们隐身了，看不见你们了。好玩、好玩。”神龟把头钻出慧慧的兜，伸脖子，看着慧慧，一字一句地说。

“好了！跟我来。进中军大帐内拿女娲娘娘的七彩补天石。”@ 人边说边向中军大帐门口飘移着。

慧慧和能能大摇大摆地跟着头顶斜上方的 @ 人，走到了中军大帐门口。

中军大帐门口的守卫士兵毫无察觉，依旧威武、严肃地站立在门口两侧。

“嘿哟哟！确实隐身了。现在中军大帐门口的士兵就是有眼无珠了。有趣、有趣、真有趣。”慧慧继续朝大帐里走，一边扭头看着守卫在门口的士兵，一边风趣地嘀咕。

“铁粉们，这是奇妙的伪装过程！世界真奇妙。童话故事里的隐身衣，现实版的隐身衣就穿在我们身上。一会儿我向 @ 人要制作秘方。”能能举手录像，边嘀咕边走进中军大帐内。

慧慧和能能在头顶 @ 人的引导下，顺利地来到了大帐内，停了下来，瞪眼仔细观瞧。

中军大帐内挂着地图，中间摆放着沙盘，最顶头一张大木桌子上摆放着闪着七彩光芒的尚方宝剑。

慧慧急忙冲过去，拿起尚方宝剑仔细寻找，小声说：“女娲娘娘的七彩补天石出来、出来。”

“没有动静呀，难道尚方宝剑也害羞吗？”能能看着尚方宝剑，急促地说。

突然，尚方宝剑晃动着，发出声：“三山五岳，五湖四海。”

“这是什么意思呢？”能能好奇地问。

慧慧举着尚方宝剑，大声说：“我明白、我明白，我告诉你三山五岳、五湖四海。三山是黄山、庐山、雁荡山；五岳是泰山、华山、衡山、嵩山、恒山。五湖是洞庭湖、鄱阳湖、巢湖、洪泽湖、太湖；四海是东海、南海、西海、北海。对不对呀？另外，五湖四海也指全国各地和世界各地的人们，皆如兄弟姐妹，团结如一，对不对呀！请出来。”

“哧啦”一声，尚方宝剑的剑柄内冒出一块霞光四射的七彩石，大小与麻将牌差不多，光彩夺目，瑞彩千条。

慧慧蹲下身子，双手捧起了七彩补天石，激动万分地说：“对不起、对不起！女娲娘娘的七彩补天石太珍贵了，关系着太阳系的安危，打扰了。为了地球的安全，我们今天请您击退‘虎形脏冰’。”

“哇！家人们，快看，女娲娘娘的七彩补天石好漂亮呀，这就是传说中的女娲娘娘的七彩补天石。太美了。”能能看呆了，边录像边激动地说。

@人缓慢飘移着，瞪大眼睛，看着七彩补天石，频频点头说："是，这就是女娲娘娘的七彩补天石。告诉你们一个秘密，汉朝大将霍去病的神弓与神箭就在'杀虎口'关城中心点下面10米的密室内。你们要找到神弓与神箭，中午12点准时发射七彩补天石。"

能能举着智能手机录像，仰头看着@人，急促地说："咱们赶快去找神弓、神箭吧，晚了就来不及了。"

神龟把头伸出慧慧的兜，扭动着脖子，一字一句地说："@人，现在是地球北京时间中午11点59分，还有1分钟，你帮帮他们吧，这关乎地球的安危、关乎'杀虎口'长城的安危，关乎所有生命的安危。你虽然不属于地球，可是你的任务是保护万里长城呀！如果'杀虎口'关被撞击了，你就是失职。"

慧慧手捧着七彩补天石，小心翼翼地举过头顶，焦急地说："@人，请带我们去寻找神弓、神箭，求您了。神弓、神箭请出来，你们在哪里呀？留给地球的时间不多了。"

"好说、好说，来得及、来得及，这样吧，请简述灵渠和京杭大运河，回答正确，我就帮你们按时找到神弓与神箭。如果答不出来，只好顺其自然了。"@人边说边飘移。

"这个难死我了，干吗要问这些呢？"能能眨眨眼，不解地问。

“帮助女娲娘娘搜集资料。请说出来。”@人边说边飘移。

慧慧仰头朝东方看了一会儿，思考着，慢条斯理地说：“@人，请听好。

“灵渠，古称秦凿渠、零渠、陡河、兴安运河、湘桂运河，是古代中国劳动人民创造的一项伟大工程。

“灵渠是谁修建的呢？灵渠是秦始皇派史禄修建的。

“灵渠位于广西壮族自治区兴安县境内，于公元前214年凿成通航。灵渠流向由东向西，将兴安县东面的海洋河和兴安县西面的大溶江相连，是世界上最古老的运河之一，有着‘世界古代水利建筑明珠’的美誉。

“灵渠主体工程由铧嘴、大天平、小天平、南渠、北渠、泄水天平、水涵、陡门、堰坝、秦堤、桥梁等部分组成，尽管兴建时间先后不同，但它们互相关联，成为灵渠不可缺少的组成部分。

“南渠全长33.15公里；严关干渠，自南渠4.97公里处分水，全长10公里；北渠全长3.25公里，开凿于湘江北岸宽阔的一级阶地上。

“京杭大运河全长1797千米，公元前486年开始建造。春秋末期，吴国为北伐齐国争霸中原，在江苏扬州附近开凿了一条引长江水入淮的运河，以后在此基础上不断向北向南发展、延长，尤其经隋朝和元朝两次大规模的扩展和整治，基本上完成了今日京杭运河的规模。

“京杭运河的许多河段是利用原来的天然河流和湖泊，部分河段是人工开挖的，运河水流主要从沟通的天然河道中得到补给。到隋炀帝（杨广）时，据称隋炀帝为了到扬州看琼花，也为了南粮北运，开凿京淮段至长江以南的运河，全长两千多千米。到元朝时，元定都大都（今北京），必须开凿运河把粮食从南方运到北方。为此先后开凿了三段河道，把原来以洛阳为中心的隋代横向运河，修筑成以大都为中心，南下直达杭州的纵向大运河。

“京杭大运河是世界上最长的一条人工运河，是苏伊士运河的16倍，是中国重要的一条南北水上干线。肩负着南北大量物资的运输交换，也有助于中国的政治、经济和文化的发展。由于年久失修，目前，京杭运河的通航里程为1442千米，其中北起涿郡（今北京），南至杭州（浙江省杭州市），连接海河、黄河、淮河、长江、钱塘江五大河流。经过北京、天津、河北、山东、河南、江苏和浙江等省市，沟通了海河、黄河、淮河、长江、钱塘江五大水系。全年通航里程为877千米，主要分布在黄河以南的山东、河南、江苏和浙江。

“京杭大运河沿线是中国最富庶的农业区之一，经济很发达。在兖州、济宁、枣庄、滕州、丰县、沛县、徐州、邳州及两淮等有大中型煤矿，连接上海、南京、徐州、镇江、常州、无锡、苏州、杭州等工业城市。为了使‘黄金水道’产生‘黄金’效益，沿线的鲁、苏、浙三省对大运河各段进行了整治、扩建和渠化，使千年古运河重新焕发了青春，成为中国仅次于长江的第二条‘黄金水道’。运河沿线的主要港口有济宁、徐州、邳州、淮阴、淮安、宝应、高邮、扬州、镇江、常州、无锡、苏州、吴江和杭州等。

“回答的对不对呢？”

神龟伸长脖子、瞪大眼睛、提高嗓门说：“答对了！@人无话可说了，慧慧，恭喜你。”

“家人们，慧慧答出了灵渠和京杭大运河，@人应该帮忙了。看好，激动人心的时刻就要到了。”能能举手录像，边嘀咕边看着@人。

“咔嚓——”一阵胶片的转动声，无数人影与画面闪过。画面定格在当日的“杀虎口”关下10米处。

密室的面积大约60平方米、高约10米，金碧辉煌，光亮如昼，中间摆放着一口青铜铸造的巨大棺椁。

“瞧瞧吧！这就是‘杀虎口’关城中心点下面10米的

密室，自己寻找神弓与神箭。”@人边说边飘移。

慧慧手捧七彩补天石，急忙朝四处观瞧，疑惑地问：“难道神弓与神箭在青铜棺椁里吗？”

能能举着智能手机边录像边说：“铁粉们，青铜棺椁里面有神弓、神箭，是霍去病大将军的，太神奇了。”

神龟把头伸出慧慧的兜，转动眼睛，看着“杀虎口”关城，一字一句地说：“打开需要智慧，需要智慧。”

“咚哒哒——”青铜棺椁里还在发出异常响声，震的整个密室也颤动起来，尘土飞扬。

墙壁抖动着，发出“咕咚”“咕咚”的声音，令人毛骨悚然。

青铜棺椁下面发出无数闪光，耀眼夺目，把青铜棺椁上面的图案照得清清楚楚。

慧慧和能能迅速走到青铜棺椁前，蹲下身子，仔细观察图案，仔细倾听里面的声音。

青铜棺椁上的图案是一位长须老者骑着青牛，走过一个关城。

“慧慧姐、我的铁粉们，青铜棺椁上面有老人、青牛、关城、守城官员，这是万里长城的哪座关城呢？真奇怪，什么意思呢？”能能眼睛瞪着图案，举着智能手机录像，神秘地说。

慧慧看着图案，转动眼睛，轻声说：“天呀，有点文人的哑谜。青铜棺椁上面的图案说的是‘老子出关’的故事，这是让咱们背诵出老子的《道德经》，有点意思。”

能能举着手机录像，看看手表，显示数字是11点59分10秒，有些着急了，大声说：“慧慧姐，我的铁粉们，现在是中午11点59分10秒，还有50秒了，背诵《道德经》，这也太难了吧。我背诵不出来，还要看你的呀！”

慧慧伸手摸着青铜棺椁上的图案，轻声说：“好！我背诵出来，请青铜棺椁听仔细。《道德经》——

第一章　道，可道，非常道；名，可名，非常名。无名，天地之始；有名，万物之母。故常无欲，以观其妙；常有欲，以观其徼。此两者，同出而异名，同谓之玄，玄之又玄，众妙之门。

第二章　天下皆知美之为美，斯恶已；皆知善之为善，斯不善已。故有无相生，难易相成，长短相形，高下相倾，声音相和，前后相随。是以，圣人处无为之事，行不言之教；万物作焉而不辞，生而不有，为而不恃，功成而不居。夫唯不居，是以不去。

第三章　不尚贤，使民不争；不贵难得之货，使民不为盗；不见可欲，使心不乱。是以圣人之治：虚其心，实其腹，弱其志，强其骨。常使民无知无欲，使夫智者不敢为也。为无为，则无不治。

第四章　道，冲而且之，或不盈。渊兮似万物之宗。挫其锐，解其纷；和其光，同其尘；湛兮似或存。吾不知其谁氏之子，象帝之先。

第五章　天地不仁，以万物为刍狗。圣人不仁，以百姓为刍狗。天地之间，其犹橐龠（tuó yuè）乎！虚而不屈，动而愈出。多言数穷，不如守中。

第六章　谷神不死，是谓玄牝（pìn）。玄牝之门，是谓天地根。绵绵若存，用之不勤。

第七章　天长，地久。天地所以能长且久者，以其不自生，故能长生。是以圣人：后其身而身先，外其身而身存。非以其无私邪？故能成其私。

第八章　上善若水。水：善利万物而不争，处众人之所恶，故几于道。居善地，心善渊，与善仁，言善信，政善治，事善能，动善时。夫唯不争，故无尤。

第九章　持而盈之，不如其已；揣而锐之，不可长保。金玉满堂，莫之能守；富贵而骄，自遗其咎。功遂，身退，天之道。

第十章　载营魄抱一，能无离乎？专气致柔，能婴儿乎？涤除玄览，能如疵乎？爱国治民，能无为乎？天门开阖，能为雌乎？明白四达，能无知乎？生之，畜之；生而不有，为而不恃，长而不宰，是谓玄德。

第十一章　三十辐共一毂，当其无，有车之用。埏埴以为器，当其无，有器之用。凿户牖以为室，当其无，有室之用。故有之以为利，无之以为用。

第十二章　五色令人目盲，五音令人耳聋，五味令人口爽，驰骋田猎令人心发狂；难得之货令人行妨。是以圣人：为腹，不为目，故去彼取此。

第十三章　宠辱若惊，贵大患若身。何谓“宠辱若惊”？宠为下，得之若惊，失之若惊，是谓宠辱若惊。何谓“贵大患若身”？吾所以有大患者，为吾有身。及吾无身，吾有何患？故贵以身为天下，若可寄天下；爱以身为天下者，可托天下。

第十四章　视之不见，名曰夷；听之不闻，名曰夷；搏之不得，名曰微。此三者，不可致诘，故混而为一。其上不皦，其下不昧。绳绳兮不可名，复归于无物。是谓无状之状，无物之象，是谓惚恍。迎之，不见其首，随之，不见其后。执古之道，以御今之有。能知古始，是谓道纪。

第十五章　古之善为士者，微妙玄通，深不可识。夫唯不可识，故强为之容：豫兮若冬涉川；犹兮若畏四邻，俨若客，涣若冰将释；敦兮其若朴，旷兮其若谷，混兮其若浊。孰能浊以澄？静之徐清。孰能安以久？动之徐生。保此道者不欲盈。夫唯不盈，故能蔽，不新，成。

第十六章　致虚极，守静笃。万物并作，吾以观其复。夫物芸芸，各归其根；归根曰静，静曰复命。复命曰常，知常曰明。不知常，妄作，凶；知常，容。容乃公，公乃王。王乃天，王乃道，道乃久，没身不殆。

第十七章　太上，不知有之；其次，亲之，誉之；其次，畏之；其次，侮之。信不足，有不信，犹兮其贵言。功成，事遂，百姓皆谓我自然。

第十八章　大道废，有仁义；智慧出，有大伪；六亲不和，有孝慈；国家昏乱，有忠臣。

第十九章　绝圣弃智，民利百倍；绝仁弃义，民复孝慈；绝巧弃利，盗贼无有。此三者以为文，不足。故令有所属：见素抱朴，少思寡欲。

第二十章　绝学，无忧。唯之与阿，相去几何？善之与恶，相去何若？人之所畏，不可不畏，荒兮其未央哉！众人熙熙，如享太牢，如春登台；我独怕兮其未兆，如婴儿之未孩；儽儽兮无所归。众人皆有馀，而我独若遗。我愚人之心也哉！沌沌兮！俗人昭昭，我独若昏；俗人察察，我独闷闷。忽兮若晦，寂兮似无所止；众人皆有以，我独顽似鄙；我独异于人，而贵食母。

第二十一章　孔德之容，唯道是从。道之为物，唯恍唯惚。惚兮，恍兮，其中有象；恍兮，惚兮，其中有物；窈兮，冥兮，其中有精；其精甚真，其中有信。自古及今，其名不去，以阅众甫。吾何以知众甫之然哉？以此。

第二十二章　曲则全，枉则直；洼则盈，敝则新；少则得，多则惑。是以圣人抱一，为天下式。不自见，故明；不自是，故彰；不自伐，故有功；不自矜，故长。夫唯不争，故天下莫能与之争。古之所谓曲则全者，岂虚言哉？诚全而归之。

第二十三章　希言，自然。飘风不终朝，骤雨不终日。孰为此者？天地。天地尚不能久，而况于人乎？故从事于道者，道者同于道；德者同于德；失者同于失。同于道者，道亦乐得之；同于德者，德亦乐得之；同于失者，失亦乐得之。信不足，有不信。

第二十四章　跂者不立，跨者不行；自见者不明，自是者不彰，自伐者无功，自矜者不长；其在道也，曰馀食赘形。物或恶之，故有道者不处。

第二十五章　有物混成，先天地生；寂兮，寥兮，独立而不改，周行而不殆，可以为天地母。吾不知其名，字之曰道，强为之名，曰大。大曰逝，逝曰远，远曰反。故曰：道大，天大，地大，王亦大，域中有四大，而王居其一焉。人法地，地法天，天法道，道法自然。

第二十六章　重为轻根，静为躁君。是以圣人：终日行，不离辎重；虽有荣观，燕处超然。奈何万乘之主而以身轻天下！轻则失根，躁则失君。

第二十七章　善行，无辙迹；善言，无瑕谪；善计，不用筹策；善闭，无关楗而不可开；善结，无绳约而不可解。是以圣人：常善救人，故无弃人；常善救物，故无弃物；是谓袭明。故善人，不善人之师；不善人，善人之资。不贵其师，不爱其资，虽知，大迷，是谓要妙。

第二十八章　知其雄，守其雌，为天下溪。为天下溪，常德不离，复归于婴儿。知其白，守其黑，为天下式；为天下式，常德不忒，复归于无极。知其荣，守其辱，为天下谷；为天下谷，常德乃足，复归于朴。朴散则为器，圣人用之则为官长，故大制不割。

第二十九章　将欲取天下而为之，吾见其不得已。天下，神器，不可为也。为者败之，执者失之。故物：或行，或随；或歔，或吹；或强，或羸；或载，或隳。是以圣人：去甚，去奢，去泰。

第三十章　以道佐人主者，不以兵强天下。其事好还。师之所处，荆棘生焉；大兵之后，必有凶年。善者果而已，不敢以取强。果而勿矜，果而勿伐，果而勿骄。果而不得已，果而勿强。物壮则老，是谓不道，不道早已。

第三十一章　夫佳兵者不祥之器，物或恶之，故有道者不处。君子居则贵左，用兵则贵右。兵者不祥之器，非君子之器；不得已而用之，恬淡为上。胜而不美，而美之者，是乐杀人。夫乐杀人者，不可以得志于天下矣。吉事尚左，凶事尚右；偏将军处左，上将军处右；言居上势，则以凶礼处之；杀人众多，以悲哀泣之；战胜，以丧礼处之。

第三十二章　道，常，无名。朴虽小，天下不敢臣。侯王若能守，万物将自宾。天地相合以降甘露，人莫之令而自均。始制有名，名亦既有，夫亦将知止，知止所以不殆。譬道之在天下，犹川谷之与江海。

第三十三章　知人者智，自知者明；胜人者有力，自胜者强；知足者富，强行者有志；不失其所者久，死而不亡者寿。

第三十四章　大道泛兮，其可左右；万物恃之以生而不辞。功成不名有。爱养万物而不为主，常无欲，可名于小；万物归焉而不知主，可名于大。是以圣人：终不为大，故能成其大。

第三十五章　执大象，天下往，往而不害，安平泰。

乐与饵，过客止。道之出口，淡乎其无味。视之不足见，听之不足闻，用之不足既。

第三十六章　将欲歙之，必固张之；将欲弱之，必固强之；将欲废之，必固兴之；将欲夺之，必固与之；是谓微明。柔胜刚，弱胜强。鱼不可脱于深渊，邦之利器不可以示人。

第三十七章　道，常，无为，而无不为。侯王若能守，万物将自化。化而欲作，吾将镇之以无名之朴。无名之朴，亦将不欲；不欲以静，天下将自正。

第三十八章　上德不德，是以有德；下德不失德，是以无德。上德无为而无以为，下德为之而有以为；上仁为之而无以为，上义为之而有以为；上礼为之而莫之应，则攘臂而扔之。故失道而后德，失德而后仁，失仁而后义，失义而后礼。夫礼者，忠信之薄，而乱之首也。前识者，道之华，而愚之始也。是以大丈夫：处其厚，不处其薄；居其实，不居其华；故去彼取此。

第三十九章　昔之得一者：天得一以清，地得一以宁，神得一以灵，谷得一以盈，万物得一以生，侯王得一以为天下贞。其致之一也：天无以清，将恐裂；地无以宁，将恐废；神无以灵，将恐歇；谷无以盈，将恐竭；万物无以生，将恐灭；侯王无以贞，而贵高将恐蹶。故贵以贱为本，高以下为基。是以王侯自谓孤寡不穀。此其以贱为本邪！非乎？故致数舆，无舆；不欲琭琭如玉，珞珞如石。

第四十章　反者，道之动；弱者，道之用。天下之物，生于有；有，生于无。

第四十一章　上士闻道，勤而行之；中士闻道，若存若亡；下士闻道，大笑之。不笑，不足以为道。故建言有之：明道若昧，进道若退，夷道若颣；上德若谷，大白若辱；广德若不足，建德若偷；质真若渝，大方无隅；大器晚成，大音希声，大象无形，道隐无名。夫唯道，善贷且成。

第四十二章　道生一，一生二，二生三，三生万物。万物负阴而抱阳，冲气以为和。人之所恶，唯孤寡不穀，而王公以为称。故物：或损之而益，或益之而损。人之所教，我亦教之；强梁者不得其死，吾将以为教父。

第四十三章　天下之至柔，驰骋天下之至坚。无有人于无间。吾是以知无为之有益。不言之教，无为之益，天下希及之。

第四十四章　名与身孰亲？身与货孰多？得与亡孰病？是故甚爱必大费，多藏必厚亡。知足不辱，知止不殆，可以长久。

第四十五章　大成若缺，其用不敝。大盈若冲，其用不穷。大直若屈，大巧若拙，大辩若讷。躁胜寒，静胜热。清静为天下正。

第四十六章　天下有道，却走马以粪；天下无道，戎马生于郊。罪莫大于可欲，祸莫大于不知足，咎莫大于欲得。故知足之足，常足矣。

第四十七章　不出户，知天下；不窥牖，见天道。其出弥远，其知弥少。是以圣人：不行而知，不见而明，不为而成。

第四十八章　为学日益，为道日损。损之又损，以至于无为，无为而无不为矣。故取天下，常以无事；及其有事，不足以取天下。

第四十九章　圣人无常心，以百姓之心为心：善者吾善之，不善者吾亦善之，德善矣；信者吾信之，不信者吾亦信之，德信矣。圣人在天下，歙歙为天下浑其心，百姓皆注其耳目，圣人皆孩之。

第五十章　出生，入死。生之徒，十有三；死之徒，十有三；人之生，动之死地者，亦十有三。夫何故？以其生生之厚。盖闻：善摄生者，陆行不遇兕虎，入军不被甲兵。则兕无所投其角，虎无所措其爪，兵无所容其刃。夫何故？以其无死地。

第五十一章　道生之，德畜之；物形之，势成之。是以万物莫不尊道而贵德。道之尊，德之贵，夫莫之爵而常自然。故道：生之，畜之；长之，育之；亭之，毒之；养之，覆之；生而不有，为而不恃，长而不宰，是谓玄德。

第五十二章　天下有始，以为天下母。既得其母，以知其子；既知其子，复守其母，没身不殆。塞其兑，闭其门，终身不勤；开其兑，济其事，终身不救。见小曰明，守柔曰强；用其光，复归其明，无遗身殃；是为袭常。

第五十三章　使我介然有知，行于大道，唯施是畏。大道甚夷，而人好径。朝甚除，田甚芜，仓甚虚，服文采，带利剑，厌饮食，财货有馀，是谓盗竽。非道哉！

第五十四章　善建者不拔，善抱者不脱，子孙祭祀不辍。修之于身，其德乃真；修之于家，其德乃馀；修之于乡，其德乃长；修之于邦，其德乃丰；修之于天下，其德乃普。故以身观身，以家观家，以乡观乡，以邦观邦，以天下观天下。吾何以知天下之然哉？以此。

第五十五章　含德之厚，比于赤子：毒虫不螫，猛兽不据，攫鸟不搏。骨弱筋柔而握固，未知牝牡之合而全作，精之至也。终日号而不嗄，和之至也。知和曰常，知常曰明。益生曰祥。心使气曰强。物壮则老，谓之不道，不道早已。

第五十六章　知者不言，言者不知。塞其兑，闭其门；

挫其锐，解其纷；和其光，同其尘；是谓玄同。不可得而亲，不可得而疏；不可得而利，不可得而害；不可得而贵，不可得而贱；故为天下贵。

第五十七章　以正治国，以奇用兵，以无事取天下。吾何以知天下之然哉？天下多忌讳，而民弥贫；民多利器，国家滋昏；人多技巧，奇物滋起；法令滋章，盗贼多有。故圣人云：我无为而民自化，我好静而民自正，我无事而民自富，我无欲而民自朴。

第五十八章　其政闷闷，其民淳淳；其政察察，其民缺缺。祸兮福之所倚，福兮祸之所伏。孰知其极？其无正邪！正复为奇，善复为祆。人之迷也，其日固久矣。是以圣人：方而不割，廉而不刿，直而不肆，光而不耀。

第五十九章　治人，事天，莫若啬。夫为啬，是谓早服；早服谓之重积德；重积德，则无不克；无不克，则莫知其极；莫知其极，可以有国；有国之母，可以长久。是谓深根，固柢，长生，久视之道。

第六十章　治大国，若烹小鲜。以道莅天下，其鬼不神。非其鬼不神，其神不伤人。非其神不伤人，圣人亦不伤之。夫两不相伤，故德交归焉。

第六十一章　大国者下流，天下之交，天下之牝。牝常以静胜牡，以静为下。故大国以下小国，则取小国；小国以下大国，则取大国。故或下以取，或下而取。大国不过欲兼畜人，小国不过欲入事人。夫两者各得其所欲，故大者宜为下。

第六十二章　道者，万物之奥，善人之宝，不善人之所保。美言可以市，尊行可以加人。人之不善，何弃之有？故立天子，置三公，虽有拱璧以先驷马，不如坐进此道。古之所以贵此道者何，不曰求以得，有罪以免邪？故为天下贵。

第六十三章　为无为，事无事，味无味。大小，多少，报怨以德。图难于其易，为大于其细。天下难事，必作于易；天下大事，必作于细。是以圣人：终不为大，故能成其大。夫轻诺必寡信，多易必多难，是以圣人犹难之，故终无难。

第六十四章　其安易持，其未兆易谋，其脆易判，其微易散。为之于未有，治之于未乱。合抱之木，生于毫末；九成之台，起于累土；千里之行，始于足下。为者败之，执者失之。是以圣人：无为，故无败；无执，故无失。民之从事，常于几成而败之。慎终如始，则无败事。是以圣人：欲不欲，不贵难得之货；学不学，复众人之所过；以恃万物之自然，而不敢为。

第六十五章　古之善为道者，非以明民，将以愚之。

民之难治，以其智多。故以智治国，国之贼；不以智治国，国之福。知此两者，亦稽式。常知稽式，是谓玄德。玄德深矣，远矣，与物反矣，反乃至于大顺。

第六十六章　江海所以能为百谷王者，以其善下之，故能为百谷王。是以圣人：欲上人，以其言下之；欲先人，以其身后之；是以处上而人不重，处前而人不能害，是以天下乐推而不厌；以其不争，故天下莫能与之争。

第六十七章　天下皆谓我道大，似不肖。夫唯大，故似不肖；若肖，久矣其细也夫！我有三宝，宝而持之：一曰慈，二曰俭，三曰不敢为天下先。夫慈，故能勇；俭，故能广；不敢为天下先，故能成器长。今舍其慈，且勇；舍其俭，且广；舍其后，且先；死矣。夫慈，以战则胜，以守则固；天将救之，以慈卫之。

第六十八章　善为士者不武，善战者不怒，善胜敌者不争，善用人者为之下。是谓不争之德，是谓用人之力，是谓配天，古之极。

第六十九章　用兵有言：吾不敢为主而为客，不敢进寸而退尺。是谓行无行，攘无臂，仍无敌，执无兵。祸莫大于轻敌，轻敌几丧吾宝；故抗兵相加，哀者胜矣。

第七十章　吾言甚易知，甚易行；天下莫能知，莫能行。言有宗，事有君；夫唯无知，是以不我知也。知我者希，则我贵矣。是以圣人，被褐怀玉。

第七十一章　知，不知，上；不知，知，病。夫唯病病，是以不病，圣人之不病也，以其病病，是以不病。

第七十二章　民不畏威，则大威至矣。无狎其所居，无厌其所生。夫唯不厌，是以不厌。是以圣人：自知，不自见；自爱，不自贵；故去彼取此。

第七十三章　勇于敢则杀，勇于不敢则活，此两者，或利，或害。天之所恶，孰知其故？是以圣人犹难之。天之道：不争而善胜，不言而善应，不召而自来，绰然而善谋；天网恢恢，疏而不失。

第七十四章　民常不畏死，奈何以死惧之？若使人常畏死，而为奇者，吾得执而杀之，孰敢？常有司杀者杀，而代司杀者杀，是代大匠斫。夫代大匠斫者，希有不伤其手者矣。

第七十五章　民之饥，以其上食税之多也，是以饥。民之难治，以其上之有为也，是以难治。民之轻死，以其生生之厚也，是以轻死。夫唯无以生为者，是贤于贵生。

第七十六章　人之生也柔弱，其死也坚强；草木之生也柔脆，其死也枯槁。故坚强者，死之徒；柔弱者，生之徒。是以兵强则不胜，木强则共。强大处下，柔弱处上。

第七十七章　天之道，其犹张弓乎！高者抑之，下者举之；有余者损之，不足者补之。天之道，损有余而补不足。人之道则不然，损不足以奉有余。孰能以有余奉天下？唯有道者。是以圣人：为而不恃，成功而不居；其不欲见贤邪！

第七十八章　天下莫柔弱于水，而攻坚强者莫之能先，以其无以易之也。故柔之胜刚，弱之胜强，天下莫不知，莫能行。是以圣人云：受国之垢，是谓社稷主；受国之不祥，是谓天下王。正言若反。

第七十九章　和大怨，必有余怨，安可以为善？是以圣人，执左契而不责于人。故有德司契，无德司彻。天道无亲，常与善人。

第八十章　小国寡民：使有什伯之器而不用；使民重死，而不远徙。虽有舟舆，无所乘之；虽有甲兵，无所陈之；使民复结绳而用之；甘其食，美其服，安其居，乐其俗；邻国相望，鸡犬之音相闻，民至老死，不相往来。

第八十一章　信言不美，美言不信；善者不辩，辩言不善；知者不博，博者不知。圣人不积：既以为人，己愈有；既以与人，己愈多。天之道，利而不害；圣人之道，为而不争。①

背诵完毕，请开棺。”

神龟把头伸出慧慧的上衣兜，转动眼睛，一字一句地说：“背诵的真好，给你点赞。”

---

① 老子衍、壮子通、壮子解．王夫之著，王孝鱼点校．中华书局，2009.5（5–42）。

12. “杀虎口”关城地下密室

长城小知识

1、万里长城被列入世界文化遗产是哪一年?

答：1987 年。

2、传说中，因为哪句话，秦始皇决定修筑万里长城?

答：亡秦者胡也!

3、烽火台一般有多高?

答：保存较好者残高约 6 米至 12 米。

4、明朝长城的烽火台山西地区有多少呢?

答：山西约有 1000 座。

“咚哒哒——”金棺里又发出异常的响声，震的整个地下密室都在颤动。

突然，青铜棺椁盖颤动起来，发出“咔哒”“咔哒”的声音。

青铜棺椁下面的闪光越来越密集，七彩缤纷，特别耀眼。

能能举着智能手机录像，扭头看了看棺椁盖，着急地说：“慧慧姐，你背诵的《道德经》有成效了，棺椁动了，里面有声音。是不是快打开了呀？”

慧慧双手合十，托举着七彩补天石，着急地说：“我背诵的《道德经》对不对呢？”

能能摸着青铜棺椁，恼怒地说：“慧慧姐，青铜棺椁不讲信用，故意骗人。”

慧慧小心翼翼地把七彩补天石装进兜里，蹲下身，继续寻找，轻声说：“好难呀，兴许我猜错了呢？不能怪青铜棺椁。我再仔细想一想，棺椁周围肯定隐藏着打开它的秘密。”说完，她蹲着走，围着青铜棺椁仔细寻找着，还是没有发现任何线索。

“咚哒哒——”青铜棺椁里还在继续发出异常响声，震的整个密室都在颤动。

慧慧看着颤动的青铜棺椁，着急地说：“能能，棺椁里响声更大了。我又有补充的答案了，刚才忘记说了，一是老子的名字叫李耳；二是老子在守城的官员尹喜强烈要求下写的《道德经》；出关的地名叫函谷关。见证奇迹的时刻开始了。”说完，慧慧激动得双脚离地，蹦了起来。

“扑哧”一声，慧慧双脚落地的瞬间，踩在了一个凸起的玉石上。玉石转动了一下，一朵白莲花从棺椁旁边飞出。缓慢飘移着，恰好落到棺椁上面的中心位置，发出白色光圈。

能能靠在棺椁壁上，边录像直播边说：“各位家人们，快看看，莲花、莲花，吉祥的寓意。”

慧慧看着发出白色光圈的莲花，吃惊地说：“天呀！好奇怪呀，白莲花怎么出现在这里呢？仿佛到了童话世界。难道白莲花与女娲娘娘有关系吗？”

白莲花加速旋转起来，变成了一把“金刚钻”，一直钻进青铜棺椁中。

能能边录像边兴奋地说：“哇！家人们、慧慧姐，‘金刚钻’太坚硬了，青铜棺椁被钻透了，奇妙无比。”

慧慧看着高速旋转的“金刚钻”，激动地说：“天啊！这是幻觉吗？”

“咚哒哒——”一阵巨响，青铜棺椁顶盖缓慢飘移、升高，化作一团雾气消失了。

突然，一根直径约半米的白色光圈从青铜棺椁里发出来，直通地面、“杀虎口”关城中心点、大气层、外太空……

慧慧和能能瞬间被白色光圈惊呆了，缓了一会儿，俩人靠着青铜棺椁慢慢站起来，屏住呼吸，伸头向里看，惊得目瞪口呆。

神龟把头伸出慧慧的兜，转动眼睛，伸长脖子超越棺椁，低头往里面，一字一句地说：“正是，天意。”

棺椁里，一个纯金面具冲着慧慧和能能点头，眼睛冒出白色光圈，直达外太空。

能能举着手机录像，看着纯金面具眼睛中冒出的白色光圈，急促地问：“纯金面具，你的眼睛怎么还冒出白色光圈呢？是雷达探测器吗？是宇宙接收器吗？我的铁粉们，看仔细了，千载难逢，究竟是怎么回事呢？请持续关注。”

“您是谁？为什么在这里呢？我是探考‘杀虎口’长城

的学生，叫慧慧，北京人。我们寻找霍去病大将军的神弓与神箭，您知道吗？您的眼睛怎么了？”慧慧看着纯金面具，彬彬有礼地说。

纯金面具点点头，开口说：“有缘的人来了，你们手中有女娲娘娘留在万里长城的 101 个关城的七彩补天石，说明你们是好人，是拯救地球的人。时间紧张了，我告诉你们实情，上古时期，地球有劫难，女娲娘娘奋力补天，之后去了银河系中心以外巡游，为了防止地球被外来天体撞击毁灭，特意制作了 101 个观察面具，也就是你们人类的雷达，设置在万里长城的 101 个关城下面，随时监视宇宙情况，并负责保护地球。观察面具与七彩补天石分开存放，只有二者合一，方可使用。”

听着观察面具说的话，能能边录像直播边兴奋地说：“铁粉们，听见了吗？是不是有点传奇色彩呢？直播继续，随我提问——这是真的吗？你是女娲娘娘制作的观察面具，留在万里长城上监视宇宙、地球的安危情况，并负责保护地球。太奇幻了吧，女娲娘娘真实存在吗？我太兴奋了，要改变‘三观’了。我代表我的铁粉们问一个问题，为什么选在‘杀虎口’关城下呢？”

“天呀，万里长城的 101 个关城下面竟然设置了 101 个纯金观察面具，与雷达的功能差不多，太神奇了。”慧慧边说边仰头朝上看，发现白色光圈里出现很多飞向地球的物质。一个虎形“脏冰”，逐渐接近地球。

观察面具张开嘴，一字一字地说：“女娲娘娘把我设置在这里，一定有它的道理。‘杀虎口’关中心点是万里长城上 101 个龙脉穴位其中的一个穴位点，是观察宇宙、观察太阳系、观察月亮最佳的宇宙坐标点。所以，当年女娲娘娘才把观察面具放置在这里。这里的学问高深，你们听不懂也看不到，是整个宇宙的运行轨道问题，只有进入十一维度空间时，才能看清楚全宇宙运行轨道。你们人类只能看见三维度空间，看不见这些。以后有时间，我慢慢告诉你们，给你们揭秘，让你们更加热爱地球、认识地球。”

慧慧看着面具，微笑着说：“太玄妙了，我都糊涂了。宇宙的十一维度，我听不懂。现在最紧要的是保护地球，北京时间中午 12 点地球有难了。现在的时间是 11 点 59 分 20 秒，还有 40 秒了。”

纯金面具张开嘴，一字一字地说：“对！我知道还有 40 秒，我的职责监视宇宙、监视外太空，保护地球和地球上的所有人类，所有动物、植物、海洋。”

“家人们，我接着问，你们听清楚了。观察面具好，你既然是女娲娘娘的观察面具，也知道地球要有劫难了，能不能快点出手保护地球呢？”能能边举着智能手机录像边着急地问。

观察面具点点头，瞪大眼睛，冒出更多的白色光圈，张开嘴，一字一字地说：“这块闯入大气层的虎形‘脏冰’落脚点就是‘杀虎口’关城，如果与‘杀虎口’关城亲密接触，足以把地球毁灭。我没有睡觉，一直监视着它。”

慧慧看着观察面具，着急地说：“虎形‘脏冰’要与‘杀虎口’关城亲密接触，太残酷了，虎形‘脏冰’是哪里来的呢？神龟说与人类有关系，绝对不能让地球毁灭，我们务必要联合起来保护地球。”

“家人们，我们问一个最疑惑的问题，让人类清醒清醒。观察面具好，虎形‘脏冰’真的与人类有关系吗？”能能边举着智能手机录像边着急地问。

观察面具张开嘴，一字一字地说：“确实与人类有关系，与神龟说的完全一致，虎形‘脏冰’是你们人类的杰作，是因为你们人类向大气中排放的有毒气体、放射性物质、巨型杀伤性武器爆炸后产生的有害物质、肆意使用农药与水蒸气混合，在地球大气层外形成的特殊‘脏物’，长年累月绕着地球轨道运转，好似滚雪球一样，越滚越大，最后体积与重量达到极限时，就会坠入地表，导致地球粉身碎骨。这块虎形‘脏冰’形似老虎，面积超大，与五个足球场一样大。一旦与‘杀虎口’关城亲密接触上，危害非常严重，空前惨烈，恐龙灭绝的事件再次上演。我是每天中午 12 点开启一次连接宇宙的探测窗口，1 年前我就发现了虎形‘脏冰’，通过各种隐蔽的方式提醒人类，可是人类没有引起警觉，导致虎形‘脏冰’越来越大，最终酿成成为巨大的地球杀手，直接威胁地球了，人类该警醒了。”

慧慧看看手表，表情严肃，着急地说：“1 年前你就发现了虎形‘脏冰’，现在我们有女娲娘娘的七彩补天石，交给你，能不能拦截虎形‘脏冰’呢？”说完，她小心翼翼地掏出七彩补天石，递进棺椁里。

“铁粉们，拦截虎形‘脏冰’的行动即将开始了，请认真看仔细。”能能举着智能手机边录像边着急地说。

观察面具张开嘴，转动眼睛，调整白色光圈角度，吸入七彩补天石，提高嗓门，一字一字地说：“我会完成我的使命，但是请你们转告人类，都是人类自己造成的结果，必须立刻改正，环保问题刻不容缓。虎形‘脏冰’即将进入大气层，如果不马上拦截，地球消失了，以后再也没有地球了。”

慧慧看着被吸入白色光圈里的七彩补天石，疑惑地问：“那人类应该怎么改正呢？”

“铁粉们，马上要告诉人类改正的办法，请认真听仔细。”能能边说边举着智能手机录像。

观察面具点点头，一字一句地说：“环保是全人类的大事，地球也是全人类的共同家园，关键是人类要一起采取行动，最大限度减少工业废气排放、避免战争、垃圾无害化处理、科学使用农药、科学开采、材料的安全管理。”

“观察面具，您太有学问了，了不起、了不起！”能能边说边录像直播。

慧慧表情严肃，点点头说：“好，回去以后，我自费去联合国报告此事，全人类一定要共同注意环境问题，发起‘保护地球妈妈’的行动。现在时间不多了，虎形‘脏冰’快到达‘杀虎口’关城了，快点行动吧。”

观察面具点点头，提高嗓门，一字一句地说：“你们听好了，当初女娲娘娘要求我等到人类公元 3000 年时才能出来发射七彩补天石，可是现在地球上空的空气太脏了，‘脏冰’越来越多，虎形‘脏冰’提前坠落。现在女娲娘娘正在银河系外巡视，不能回来请走虎形‘脏冰’。如果我想提前出来发射七彩补天石，就要自我牺牲了，让地球安全，让‘杀虎口’关长城安全，让人类和所有的动物平安地生活在地球上。”

慧慧吃惊地问：“你要自我牺牲，这怎么可以呢？”

“铁粉们，拦截虎形‘脏冰’的行动最新消息，观察面具要牺牲自己，请认真看仔细。”能能边举着智能手机录像边着急地说。

“观察面具，您能不能说一说‘杀虎口’关城地下密室的秘密呢？”慧慧看着直达宇宙的白色光圈，微笑着问。

观察面具张开嘴，一字一字地说：“好说，现在已经不是秘密了，你们都进来了，可以告诉你们。女娲娘娘修建这个地下密室时，还没有万里长城呢。汉武帝在这里修建‘参合口’关城时，发现了我们的地下密室里的青铜棺椁。正准备开启，女娲娘娘闻讯，前来阻止汉武帝。告知汉武帝这是天机，万万不可触动。汉武帝尊重女娲娘娘的意见，派高人秘密设计了暗器机关，并以霍去病的神弓与神箭为证，立下毒誓，不允许任何人进入密室破坏。明代士兵重修‘杀虎口’长城时，发现了放置密室与青铜棺椁，霍去病的神弓与神箭飘移出来，箭头指向明军大将，明军士兵们不敢擅自闯入，退出密室，加修关城与关楼。一直到现在，保护得非常好。好了，时间到了，我必须马上请出霍去病的神弓与神箭，发射补天石了，再晚就来不及了。再见了，慧慧、能能、神龟、@人。”

突然，观察面具从棺椁中浮起，飘浮在密室中央，眼睛里发出的白色光圈越来越强烈，频频向慧慧、能能点头。

“咔啦啦——咔啦啦——”一阵响声过后，青铜棺椁

“咚”一声缓慢分开，一张金光闪闪的弓自动架在棺椁上，一支金光闪闪的箭自动搭扣在弓弦上，指向白色光圈中心。

观察面具旋转起来，表情严肃，一字一句地说：“慧慧、能能、神龟、@人，现在是北京时间 11 点 59 分 50 秒，还有 10 秒钟的时间，完成了发射七彩补天石的全部准备工作。下一步就看你们了，开始数数吧，我与女娲娘娘的七彩补天石合二为一了。”说完，观察面具化成七彩莲花，钻进白色光圈中，与七彩补天石融为一体了。

“10、9、8、7、6、5、4、3、2、1，走起！”慧慧、能能、神龟、@人共同数数，仰望着通往外太空的白色光圈，屏住呼吸。

“啪嗒”一声，牛筋弹出箭杆，箭杆带着七彩补天石顺着白色光圈冲出密室、‘杀虎口’关城中心点，瞬间化作一团七彩光环，冲向了天空。

慧慧与能能看着天空中的七彩光环，流着眼泪呼喊：“再见了，观察面具，谢谢你舍生取义，拯救地球。”

空中七彩光环高速上升，发出响亮的回声：“孩子们，回去一定要告诉人类所有的人，要保护好环境，爱护好地球，人类就地球这么一个家园，不能再污染了。当年，女娲娘娘只给地球留下了 101 颗补天石、101 具观察面具，今天我一走，地球以后很难得到女娲娘娘的帮助了，只有靠你们人类自己的智慧了。记住：污染了大气层，等于关闭了地球与外界联系，长城的101个关城下面还有补天石和观察面具，还有很多隐含的秘密，你们考察时，看看有没有运气发现呢？可能不容易找到了，再见了，孩子们，再见了神龟，再见了@人。”

慧慧、能能、神龟、@人看着逐渐远去的七彩光环，流着眼泪呼喊：“再见了，观察面具。”

“唰——”一阵怪异的声音从空中传来，七彩光环包围了冲入大气层的虎形“脏冰”，瞬间，虎形“脏冰”改变方向，朝外太空飞去。

“哗啦”一声，神弓自动回到原位，青铜棺椁收拢，一切恢复了正常。

慧慧和能能急忙围住青铜棺椁，流着眼泪说：“谢谢，霍去病的神弓与神箭，地球人感谢你。”

“唰”的一声，青铜棺椁发散出七彩光芒，密室明亮了。

青铜棺椁晃动着，发出声音：“观察面具委托我告诉你们一个秘密——女娲娘娘一共在万里长城的敌楼或关楼里藏了101块这样的七彩补天石，分别埋在了101个长城关楼或敌楼底下，具体在哪里，我也不清楚。特殊的七彩补天石都是用来保护人类、保护地球的，这是当年女娲娘娘留下来的特殊石头。秦始皇发现以后，主动和外星人商量，外星人利用天象图找出地球昆仑山脉的龙脉走向，依据龙脉气穴位置，勘测出精准的预埋位置。外星人利用平行宇宙理论，划出了宇宙的脉络走向图，万里长城的所有关城、敌楼就是沿着这些精准的位置，按照宇宙脉络走向认真修建的，这是万里长城最大的秘密，也是最神圣的使命。我还有一个心愿，听一听山西民歌——《人说山西好风光》，谢谢。”

神龟把头钻出慧慧的兜，点点头，大声说：“完全正确！‘青铜棺椁’我给你点 101 个赞。唱《人说山西好风光》不是我的强项，还要请慧慧、能能完成吧。”

@ 人飘移着，一字一句地说：“我是证人，真实可信。慧慧、能能，你们二位谁唱呢？”

“不行，我不行，五音不全，还是慧慧唱。”能能边说边举着手机录像直播。

慧慧摸着神龟的头，看着青铜棺椁，高兴地说：“太神奇了，我们要精心保护地球，保护万里长城。我唱《人说山西好风光》——人说山西好风光……”

能能蹦跳着，继续录像直播，激动地说：“是！我们要全身心地保护万里长城，保护地球。”

话音刚落，青铜棺椁旋转着，发出声音：“歌声太美了，谢谢。慧慧、能能、神龟、@人，我的活跃时间结束了，必须安静地待在密室里。对不起啦，再见！如果需要神弓、神箭，我会再次为人类效力。”

“好嘞！谢谢青铜棺椁、谢谢霍去病大将军，你们的功劳大大的。我回去告诉全人类，让人们都记得你们，你们是隐形的大英雄。”慧慧边说边高兴地摸了摸青铜棺椁，亲切得不得了。

能能看着青铜棺椁，举着智能手机录像，微笑着说：“家人们，没有想到吧，青铜棺椁也有生命，也爱地球，是真正的大英雄。”

话音未落，青铜棺椁旋转速度减慢，稳稳地落在原地，光芒消失，密室一片漆黑，安静得出奇。

俩人很不适应，好像做了一场梦，使劲回忆着刚才发生的一切，仰头凝视着上方，靠在青铜棺椁旁边，久久地发呆。

“嗖”的一声，@人飘移在密室中间，散发出光芒，在慧慧和能能眼前旋转着，微笑着说：“你们的使命完成了，这里是平行宇宙的场景，并不是虚幻的，现在你们可以放心地回到你们的宇宙里，过着现实的地球生活吧。你们在这里的勇敢行为，间接地保护了地球、保护了太阳系、保护了宇宙、保护了‘杀虎口’长城。”说完，@人冒出两道白光，射向了慧慧和能能眼睛里。

“噗”“噗”两声，俩人瞬间飞出密室，眨眼的工夫，平稳地落在了“杀虎口”关城大门中央。

“啊”“啊”两声，慧慧和能能各自睁开眼，张嘴叫了一声，如梦方醒，看着眼前“杀虎口”关城，不住地点头，脸上露出了灿烂的笑容，转身坐在地下，不断地拍打着。

（完）